外语翻译

——理论与应用——

任小凤◎著

燕山大学出版社
·秦皇岛·

图书在版编目（CIP）数据

外语翻译理论与应用 / 任小凤著．—秦皇岛：燕山大学出版社，2022.6（2026.1重印）
ISBN 978-7-5761-0357-1

Ⅰ．①外… Ⅱ．①任… Ⅲ．①外语—翻译—研究 Ⅳ．① H059

中国版本图书馆 CIP 数据核字（2022）第 080224 号

外语翻译理论与应用

任小凤　著

出 版 人： 陈　玉
责任编辑： 王　宁　　**策划编辑：** 吴　波
责任印制： 吴　波　　**封面设计：** 星辰创意
出版发行： 燕山大学出版社 YANSHAN UNIVERSITY PRESS　　**电　　话：** 0335-8387555
地　　址： 河北省秦皇岛市河北大街西段 438 号　　**邮政编码：** 066004
印　　刷： 廊坊市印艺阁数字科技有限公司　　**经　　销：** 全国新华书店

开　　本： 710mm × 1000mm　1/16　　**印　　张：** 13.25
版　　次： 2022 年 6 月第 1 版　　**印　　次：** 2026年 1 月第 2 次印刷
书　　号： ISBN 978-7-5761-0357-1　　**字　　数：** 230 千字
定　　价： 54.00 元

前　言

21 世纪以来，我国已经融入经济全球化、知识信息化的浪潮，面临越来越多的机遇和挑战。随着我国与国外经济、文化等方面交流的增多，对外语尤其是英语方面的人才的数量、质量、层次和种类提出了更高的要求。掌握一门外语，以主动融入国际交流，是目前乃至未来社会人才必备的重要素质之一。目前，英语已成为国际社会广泛采用的交流工具，越来越多的人将它作为第二语言进行学习和使用。

翻译是沟通不同民族人民的思想，促进政治、经济、文化、科技交流的重要方式，也是学习外语的有效途径，还是探讨两种语言对应关系的一门学科。它的综合性很强，既有坚实的理论体系，也有丰富的实践内涵。作为语言的创造性活动，翻译是对原文的再创作，而再创作有时比原创作更难，因为它有局限性。学习前人总结的翻译理论、方法技巧，可以用来指导、启发翻译实践，达到“举一反三、触类旁通”的效果。但这种指导和启发意义的大小，不仅仅取决于理论本身，还取决于译者掌握和驾驭两种语言的水平的高低。因此，为了提高翻译能力，译者除了要钻研翻译理论和方法外，还必须要打好扎实的语言基础。

本书研究的外语主要是指英语，以中国当代英语翻译活动的现状为基础，针对英语翻译中的理论沿革以及应用技巧问题展开论述，详细阐述了英语翻译的含义、性质、分类、基本原则，简要介绍了英语翻译的相关问题，系统论述了英语翻译的策略艺术、常用技巧、方法、理论和特点，并且结合具体的翻译实例，系统地阐述了英语词语、语句、语篇、修辞格以及新闻、文学、公文、广告、科技、旅游和法律等各类语体的特点及翻译方法。本书通俗易懂，可作为英语翻译的教程，也可作为英语翻译的辅导课程教材，同时还可以为从事此专业的人员提供一些借鉴与参考。帮助译者在更好地领悟翻译理论精髓的同时，更准确地掌握翻译的策略和技巧。将翻译实践同翻译理论更紧密地结合，是本书的核心内容。总体来说，本书对于我国外语翻译的发展有一定的理论和实践意义。

CONTENTS 目录

第一章　翻译理论概述

第一节　翻译的内涵

一、翻译的概念

什么是翻译？中外辞书和翻译研究家下过不少定义，或作出解释。

《辞海》对翻译的解释：把一种语言文字的意义用另一种语言文字表达出来。

《现代汉语词典》对翻译的解释：把一种语言文字的意义用另一种语言文字表达出来（也指方言与民族共同语、方言与方言、古代语与现代语之间一种用另一种表达）；把代表语言文字的符号或数码用语言文字表达出来。

《大英百科全书》对翻译的解释：将用一种语言或者一套语言符号所表达的内容用另一种语言或一套语言符号进行转换的行为或过程。

英国《牛津大辞典》把翻译解释为将一种语言转换为另一种语言的过程。

美国《韦氏国际大辞典》对翻译的解释：把一种语言或表达方式转换为另一种语言或表达方式。

法国《拉鲁斯百科词典》给翻译下的定义：把用一种语言文字表达的原本用另一种语言文字表达出来。

乌沙科夫《俄语详解词典》给翻译下的定义：由一种语言改写成另一种语言，或把某一文章或口头语言用另一种语言表达出来。

日本《广辞苑》对翻译的解释：把一国语言所表达的文章内容译成另一国语言。

日本《新明解国语辞典》对翻译的解释：把一种语言、文章的内容，用另一种语言重新表达出来。

《日本国语大辞典》对翻译的解释：翻译把一国的语言、文章转换为具有同等意义的另一国语言、文章。

以上是我国和外国辞书给翻译下的简明的定义。但是，如果从专业角度来考虑，上述翻译的一般定义就有些过于简单了。因此，我们应该通过翻译实践，给翻译下一个更概括、更完整的定义，使翻译这个概念更加清楚明了。

英国的翻译研究家彼得·纽马克指出，翻译是把某种语言承载的信息转换为另一种语言的等价信息的手段。

卡特福德将翻译定义为用一种等值的语言文本材料去替换另一种语言的文本材料。

日本上智大学文学部教授别宫贞德指出，翻译就是把某种语言所传达的信息，换成另一种语言的等价信息。

欧美学者阿诺德和摩尔根先后提出了“等效法则”，主张“把原作所具有的思想、感情等量地移植过来，既不多，也不少”，即两种语言尽管表达形式有所不同，但就整体而言应该是等值的。

茅盾先生也作过精辟的论述，他指出，对于一般翻译，至少应该是用明白畅达的译文，忠实地传达原作的内容；文学的翻译是用另一种语言，把原作的艺术意境传达出来，使读者在读译文的时候能够像读原作时一样得到启发、感动和美的感受。

以上定义，尽管陈述形式不一样，但都是从翻译作为一种行为这一角度来界定的，而且翻译定义的核心内容是一致的。首先，翻译是一种行为或者过程；其次，翻译涉及两种语言（或两套语言符号）；再次，翻译的结果是一种语言被另一种语言所取代；最后，翻译是一种语言的内容而非形式被另外一种语言所替代，或者是一种语言的文本材料被等值的另一种语言的文本材料所替换。

从功能和目的两方面讲，翻译是思想交流的桥梁（使不懂原语的人，能通过译文而懂得体现在原文信息中的作者的思想、意图、观点和所表达的思想感情）和接力（使原文信息能传播得更远，能传播到更多的人那里）。

因此，对于什么是翻译，有必要从更宏观的角度去界定。

翻译是一种跨语言、跨文化的信息与情感交流过程。它通过把一种语言表达的信息用另一种语言再现出来的方式，帮助读者了解原作者想要表达的信息内容，并获得与原语使用者大致相同的感受，以达到帮助不同语言的交际者进行信息与情感交流的目的。

这里的“一种语言”，称为原语或译出语，“另一种语言”称为译语或译入语。

由原语组成的材料称为原文，由译语组成的材料称为译文。这里的“语言”只限于人类的自然语言，既包括书面语，也包括口语。因此，“原文”和“译文”既可以是文字，也可以是声音。

我们可以认为，翻译是用一种通顺、贴切的语言文字，忠实而完美地传达另一种语言文字所表达的真实意义和风姿。就是说，要把原文的真实思想内容译出来，并要照顾到文章的语言风格和艺术特色，而不是逐字逐句地、机械地照搬原文。

这里说的“忠实而完美”，不仅要求译文不错、不漏、不随意增减，而且要求译文在整体上与原文相对等值，因为绝对的等值或完全等值是不太可能的。所以，翻译中的等值论只能是相对的、基本的。所谓的“通顺”“贴切”是指译者遣词造句的功夫，即要求做到文字通顺流畅、贴切准确。

二、翻译的性质

（一）翻译是运用语言的活动

翻译不同于创作。创作也是运用语言的活动，但它运用的只是一种语言而不是两种语言，它要求的只是表达能力而不必要求理解能力，它表达的是作者自己的思想，完全可以自由发挥。而翻译运用的是两种语言，它既要求有用一种语言表达的能力，又要求有对另一种语言的理解能力。它表达的只是原文中的意义，几乎完全受原文作者思想的限制，不能自由发挥。

（二）翻译是技术性和创造性相结合的脑力劳动

翻译是技术性和创造性相结合的脑力劳动，或者说翻译既是科学又是艺术。说翻译有技术性，是因为翻译可以利用两种语言的对应规律，即译入语和译出语之间不管差别有多大，但是在语音、语法和词汇上，总有相对应的一面，翻译时就可以利用这些对应规律。例如，在使用音译这种手段时，译入语中的某一个音或音节，用译出语中的哪个音或音节来表示，就可以利用从语音对比中找到的语音对应规律来确定。译入语中的某一个词或成语，用译出语中的哪个词或成语来表达，可以从词典中找到对应关系。同样，译入语中用某一种语法形式所表达的某一种语法意义，用译出语中的哪一种语法形式来表达，也可以通过从语法对比中找到的规律来确定。总之，在一种语言里的某一个词或句式译成另一种语言时，一般情况下可以用哪一个词或哪一个句式来表达是存在着一定规律的。符合这些规律，翻译得就正确；违反这些规律，翻译得就错误，不管译者主观上是否意识到，都是如此。对于翻译工作者来说，最重要的是努力去发现和利用这种语言之间的对应规律[①]。

说翻译有创造性，是因为不同语言之间，在语音、语法和词汇上都有相对应的一面，也有不相对应的一面。就是在互相对应的一面之中，“一对一”的情况也只是少数，经常出现的是“一对多”或“多对一”的情况。所以，译者经常需要在多种同义表达形式中选择一个最恰当的表达形式，有时则需要吸收或创造一种译出语中原来没有的新的表达形式，这就需要翻译工作者进行创造性的劳动。

（三）翻译既是一种社会活动，又是一种文化交流工作

说翻译是一种社会活动，一方面是因为它所运用的语言本身就属于一种社会现象。无论是译入语还是译出语，所使用的语言都是某一社会的共同语言，而不是译入语作者或译出语读者个别人的语言。另一方面是因为任何翻译都是有目的的，其目的虽然有时在表面看来似乎是译者个人的目的，但实际上总是代表着社会的需要，至少是代表着社会上某一部分人的需要；有时则是某一阶层、某一时代的需要。翻译最常见的目的就是输入一种新的文化，包括新的思想、新的技术等，有的则是输出。各民族或各国之间互相输入、输出，也就是文化交流，这种文化交流不论是对社会发展还是语言的发展来讲都有深远的影响。

（四）翻译的可能性

实践证明，把一种语言所表达出来的事物用另一种语言再现出来是有可能的，因为语言是反映客观现实的，尽管各民族所使用的语言形式不同，但是各民族都有人类共同的或类似的思维规律或生活现实。因此，不同的语言所反映出来的思想内容和客观现实都有共同点。翻译只不过是把一种语言形式所表达的这些共同的思想内容和客观现实用另一种语言形式重新表达出来而已，所以翻译是可能的。这就是翻译可能性的体现。

（五）翻译的艰苦性

每一个民族都有它自己的历史、传统、风俗、习惯，因此，在各自历史环境中发展起来的语言，必然会有它独特的地方。各民族的语言在语音、词汇、语法、

① 刘宓庆．新编当代翻译理论 [M]．北京：中译出版社，2019.

修辞等许多地方都是不一样的。因此，要把一种语言翻译成另一种语言，必然会遇到各种困难。比如要在多义表达形式之中挑选出一个最切合原著内容的表达形式，译者非下一番推敲、琢磨的功夫不可。又如在译入语的语言中存在，而译出语语言中却没有表达该事物的词，那就得创造出新词汇来翻译。

三、翻译的历史

翻译的历史可以说几乎同语言的历史一样古老。可以肯定地说，什么时候有了一个民族或部落同另一个民族或部落的接触，什么时候就有了翻译。西方自 1 世纪、中国自商周时期就开始有了跨语言翻译。

（一）中国翻译史

中国的翻译事业源远流长，曾经有过辉煌的成就。不论是在组织方面、方法方面，还是在理论方面，都积累了丰富的经验。迄今为止，中国历史上出现过三次翻译高潮：东汉至唐宋的佛经翻译、明末清初的科技翻译和 19 世纪 40 年代至 20 世纪 20 年代的西学翻译。

1. 第一次翻译高潮

秦汉以前，我国就通过翻译和邻国交往，东汉明帝时开始了以佛经翻译为主的翻译活动。史料证明，我国的第一次翻译高潮的主要时期是六朝至隋唐时期。唐朝初期，国家设立译场，译经工作的规模达到了顶峰。译场规模大，组织形式相当严密，在翻译方法上也达到了极高的水平。到了北宋以后，佛教渐衰，翻译事业也随之衰落。

汉译佛典的工作揭开了中国翻译史厚厚卷宗的第一页。当时的佛典有梵文、巴利文之分，也有的用中亚吐火罗等文字写成。翻译佛典的工作，其规模之宏大、卷帙之浩繁、历史之长久、人数之众多，是世界上其他国家难以匹敌的。从安息（古波斯，今伊朗）国太子安清（安世高）译出《明度五十校计经》始，到唐代玄宗时的《开元释教录》，已载入藏经典共一千多部。至北宋仁宗景祐四年（1037 年），译场停顿，之后译经之风逐渐衰微。有关南宋的记载中未见译经之事，元代拔合思巴、管主八等少数人奉诏翻译，也只有十余部。

佛经的翻译，对我国的语言、文学、学术思想都产生了很大的影响，其中，以语言方面尤为显著。通过佛经翻译，我国吸收了许多梵语的词汇，也利用汉语构词法创造了许多词汇，如菩萨、刹那、因缘等；在语法方面，长定语、倒装句也逐渐多用。

2. 第二次翻译高潮

自明万历年至清初，我国翻译事业进入了一个新时期——以翻译西洋学术论著为主的时期。以徐光启等为代表的翻译家，介绍了西欧各国的科学、哲学、文学等方面的著作，对我国学术思想和社会的发展起到了一定的促进作用。明朝的翻译主要盛行于末期。著名翻译家除了徐光启以外，还有利玛窦、李之藻、杨廷筠等。清初由于国家政策的缘故，翻译事业渐衰。

明末清初至五四运动前夕，随着交通的发展，中外政治、经济、文化的交流日益频繁，中国翻译又掀开了新的一页。17 世纪初，徐光启和意大利耶稣会在华首任会长利玛窦合译了欧几里得的《几何原本》，李之藻和利玛窦合译了《同文指算》，李之藻和葡萄牙耶稣会传教士傅汎际合译了亚里士多德的名著《名理探》《寰有铨》，王徵和德国传教士邓玉函合译了《奇器图说》等极有价值的书。18 世纪初，康熙年间，曾选派满族子弟在俄罗斯馆学习。1729 年 3 月，雍正年间又设立了西译馆，招收满族子弟学习拉丁文。1748 年，四夷馆和会通馆合并为会通四夷馆，专门翻译和传播外国语。1862 年，京师同文馆的成立促进了清末至五四运动前夕翻译事业的发展。与此同时，北洋大学堂、上海江南制造局以及文明书局、商务印书馆等也翻译了大量自然科学和社会科学的书籍。文学作品的翻译起始于乾隆年间的 1740 年左右，主要是对圣经故事和欧洲小说进行翻译与改写。

3. 第三次翻译高潮

清末我国社会发生了翻天覆地的变化，中国的知识分子因此受到启发，他们认为要想富国强兵，就需要借鉴西方的理论。于是从 19 世纪末开始，翻译之风日盛一日，出现了严复、林纾、梁启超、周桂笙、马君武、苏曼殊等著名翻译家，他们在文学翻译事业上具有开辟草莱之功，影响深远。西方资产阶级社会政治、哲学思想的翻译介绍应运而生，翻译机构遍及全国，促进了翻译事业的发展。同时，我国留学日本、学习日语的人逐渐增多，他们或直接翻译日本书籍，或通过日本译著转译西方各国著作。

五四运动以后，翻译事业有了突飞猛进的发展，翻译事业开始了一个新的历史时期。译作数量大量增加，质量也较以前有了很大提高。翻译的书籍无论在内容上，还是在语言形式上，都有了很大的变化。从内容上讲，这个时期翻译的主流是介绍马列主义著作和社会主义革命文学，如 1920 年，《共产党宣言》由陈望道译成中文出版。中国现代文学的巨擘鲁迅、郭沫若、茅盾、巴金、老舍、瞿秋白、郑振铎、周作人等也都格外重视俄国作品和日本文学的译介工作。鲁迅、瞿秋白等翻译界的前辈，大量地介绍了东西方各国的优秀革命文学作品。从语言形式上来说，白话文代替了文言文，在译文中占据了统治地位。可以毫不夸张地说，如果没有外国文学的大量译介，中国的新文学就不会得到如此迅速的发展。

中华人民共和国成立之后，在党和政府的关怀下，中国的翻译事业得到了长足的发展。在出版总署设立翻译局，出版《翻译通报》，作为全国翻译工作者交流翻译经验、探讨翻译理论、进行翻译批评的园地。大量的文学翻译作品丰富了获得新生的中国人民的生活，开阔了他们的眼界，也为当代作家的创作提供了艺术借鉴的蓝本，促进了中国当代文学的飞速发展。但在当时，我国还不能广泛地与世界各国进行政治、经济、文化等方面的交流，所以翻译出来的主要是苏联的著作。我国在联合国的合法席位恢复后，与世界绝大多数国家建立邦交，特别是中日、中美建交，使得翻译事业又有了新的发展。从数量上来说，无论是译进来的还是译出去的作品数量，都大大超过了以往任何时代。改革开放以后，我国各个领域通过翻译吸取国外先进经验，近年来，中国的翻译事业又有了新的发展，译坛日新月异，译作令人目不暇接，翻译事业已形成新的热潮。

通过以上对我国翻译史的回顾可以看到，翻译工作对发展我国经济、文化起到了重大作用，同时，我们也应该意识到翻译事业在我国的广阔前途，我们应努力为我国的翻译事业作出贡献。

（二）外国翻译史

西方的翻译史，至今已有近两千年的历史。古代欧洲，罗马文学几乎全是对古希腊文学的模仿，其基础必须是大量译介古希腊的典籍，最终形成古希腊罗马文学浑然一体的局面，并合为欧洲文学一源。

欧洲国家大规模的翻译活动始于1522年，德国宗教改革家马丁·路德将拉丁文《圣经》译成德文。16世纪30年代，英国学者廷德尔的英译本《圣经》问世，此本后来因英王詹姆斯一世钦定发行而风靡欧洲，并具有了全球性影响。文艺复兴运动之后，许多欧洲国家都开始译介古典作家的作品，借以推动本国文学的发展。其中，尤以英国的德莱顿在17世纪末翻译的《维吉尔全集》、英国蒲伯在18世纪初翻译的《荷马史诗》最为著名。

从17世纪初开始，欧洲兴起了一股译介中国古代典籍的热潮，最初的译者是在中国生活的传教士。利玛窦将“四书”译成拉丁文寄回意大利，是中国古籍西传的最早信息。比利时人金尼阁将“五经”译成拉丁文，其成为中国古典经籍最早刊行的西文译本。另外，意大利人殷铎泽和葡萄牙人郭纳爵合作，用拉丁文翻译了《大学》，取名《中国的智慧》。后来二人又合译了《论语》。不久，殷铎泽又将《中庸》以《中国政治伦理学》为名于17世纪60年代译出。17世纪80年代，比利时人柏应理在巴黎刊印了《中国哲学家孔子》，书中包括了中国经籍导论——《孔子传》、《大学》、《中庸》、《论语》（拉丁文）。18世纪左右，马若瑟选译的《诗经》被杜赫德收入《中华帝国志》第二卷。此外，赫苍璧也有《诗经选编》的译本问世。中国古代的主要经典和儒家学说，通过意大利和法国传教士的翻译介绍，先后有了拉丁文和法文译本，在欧洲知识界和上层社会得以广泛流传。

中国文学是于18世纪初传入欧洲的。马若瑟于18世纪30年代翻译了纪君祥所作的元曲《赵氏孤儿》，法译本取名《中国悲剧赵氏孤儿》，是第一部译为外文的中国剧本。《中华帝国志》随着英译本、德译本的出现而在欧洲广为流传。18世纪60年代，英国刊印了汤姆士·潘塞转译西人魏尔森的第一部英译中国小说《好逑传》，后此书被译成法文和德文。到了近现代，中国文学的西传译本就更蔚为壮观了。

第二节　翻译的基本理论

一、翻译的基本理论界定

翻译理论是从翻译实践中总结出来并用来指导翻译实践的理论。这里的翻译实践不是某一具体个人的实践，而应该是古今中外从事翻译的人们的实践。这里所说的对实践的指导，并不是规定一些条条框框和公式让人们去遵守和硬套，而是提供一些从实践中总结出来的经验和教训，让人们得到启发，少走弯路，使自己的翻译实践更符合客观规律。

由于翻译实践的范围很广、种类很多，所以翻译理论涉及的问题也很广泛，翻译理论也可以分成许多不同的类型。翻译理论可以分为一般性的或普遍性的理论和个别的或特殊性的理论两大类。一般性的或者普遍性的理论，涉及的是翻译中的共同性问题，如翻译的性质、翻译的历史、翻译的标准、翻译的一般过程、翻译的一般方法、翻译与其他学科的关系等。个别的或特殊性的理论，涉及的只是某一类翻译中的问题。按照前面所谈的类别，每一类翻译都可以有自己专门的理论，如按涉及的语种分，可以分为英汉翻译理论、日汉翻译理论等。如果进一步按译出、译入的方向分，日汉翻译又可分为日译汉和汉译日两种。如按照语言的形式分，可以分为口译理论和笔译理论。按照所译材料的性质分，可以分为文学翻译理论、科技翻译理论等。现在国内外出现了各种各样的翻译理论专著或论文，总的来看，属于后一大类，即个别的或特殊性的理论居多；属于前一大类，即一般性或普遍性的理论较少。即使名义上属于前一类，但涉及的只是少数几个外国语种。

翻译理论的研究对象是翻译活动，它的任务是把翻译实践中存在的各种经验教训加以去粗取精、去伪存真、由此及彼、由表及里地进行总结、得出规律，抽象提升为有关翻译的理论体系，作为指导翻译实践的理论根据。

翻译是运用两种语言的活动，因此，翻译理论必然要涉及两种语言的词汇、语法、修辞等方面的问题。研究翻译理论，要从对比在翻译实践中遇到的各种语言现象着手。对比两种语言的词汇、语法、修辞的异同，从中找出规律，得出结论，应用于实践，并在实践中加以论证，加以发展。

翻译的对象——语言本身也在不断发展，如随着社会文化的发展，必然会不断出现新的词汇、新的表达形式。因此，由翻译实践导出的翻译理论也必然会随着社会的发展而发展。我们迄今为止所达到的翻译理论水平是有时代局限性的，随着社会文化的发展，必将不断出现新的问题，有待我们解决。如电子计算机技术的发展有了机器翻译的可能性，为了使目前出现的初级翻译软件日臻完善，首先需要翻译理论以及与此密切相关的“比较语言学”大踏步前进①。

二、中国翻译理论

中国的翻译理论自成体系，独树一帜，历史悠久。翻译是一种科学，它从一种文字译成另一种文字，属于再创造，其中必有规律可循。伴随大规模的翻译实践活动，翻译理论的出现也就顺理成章。中国翻译理论主要有两种主张，即“意

① 赵友斌．语境与翻译 [M]. 长春：吉林出版集团股份有限公司，2017.

译”和“直译”。当然，如果能将这两种方法巧妙地结合起来，那是最佳途径，目前这仍是译坛追求的目标。早在汉译佛典时期，著名翻译家释道安因不懂梵文，唯恐有失原意，就曾发表过类似“直译”的见解。鸠摩罗什虽精梵文、通汉语，但不能写汉文，也有相当于“意译”的看法。总之，自此就开始了中国翻译理论的探讨与研究。彦琮提出“宁贵朴而近理，不用巧而背源”的“直译”主张。玄奘既不同意释道安的“直译”理论，也反对鸠摩罗什的“意译”理论，而提出“直译”“意译”不拘一格的“五不翻”理论，对后世影响深远。直至近代，中国第一部较全面系统的语法专著《马氏文通》的作者马建忠第一个深入探讨了翻译理论，并提出了“善译”的主张。其后，严复又在《天演论译例言》中提出了对后世影响很大的“译事三难、信达雅”的主张。鲁迅作为近现代杰出的翻译理论家，在近 30 篇论及翻译问题的理论文章里，有针对性地提出“直译”的主张。艾思奇发表的《谈翻译》与朱光潜发表的《谈翻译》，都推动了中国翻译理论研究的发展。钱钟书先生在 1979 年《林纾的翻译》一文中，在总结了中国翻译理论的基础上，提出了“文学翻译的最高标准是‘化’”的“化境”理论，从此，中国的翻译理论有了一个比较清晰的发展脉络，并且把翻译提高到美学层次的高度来认识，具有开拓意义。

三、外国翻译理论

国外的翻译理论是围绕着“意译”与“直译”两个核心问题发展起来的。影响较大的有英国翻译理论家泰特勒在 18 世纪 90 年代发表的《论翻译的原则》一文。他为“好的翻译”下了一个定义，即原作的长处完全移注在另一种语言里，使得译文文字所属国家的人能明白地领悟、强烈地感受，正像用原作语言的人们所领悟、感受的一样。此后，他又提出了著名的三大翻译原则：第一，译文应完全复写出原作的思想；第二，译文的风格和笔调应与原文的性质相同；第三，译文应和原文同样流畅。泰特勒提出的这三大原则是好的译文必备的条件，它们的排列次序是恰当的、自然的，不可随意颠倒。当三者不能兼顾时，第一条是不能牺牲的原则。美国现代著名翻译理论家奈达认为，翻译不仅是一种艺术、一种技巧、一种文学的再创作，而且还是一门科学。他主张翻译的理论基础是建立在对语言的认识上的，强调语言具有同等表达能力。另外，德国有学者认为各种翻译中发生的主要错误和缺点都是由在“逐词翻译”和“随心所欲”这两种倾向之间摇摆造成的，主张译者应该将观点折中。

苏联的翻译理论研究一向有两种主张：一种从语言学的角度研究翻译，另一种从文艺学的角度研究翻译。两派各持己见，长期争论不休。前者以语言学家费道罗夫为代表，称为语言学派，后者以翻译家加切奇拉泽为代表，称为文艺学派。语言学派认为翻译属于语言学研究的范畴，翻译的确切性是指表达原文思想内容的完全准确以及在修辞作用上与原文完全一致，主张在两种语言转换过程中的“等值翻译”。中国当代著名翻译家、《尤利西斯》的翻译者金堤先生也有类似的主张。文艺学派认为翻译属于美学范畴，是一种文学创作，因此，必然会有译者的创作个性。翻译是原作艺术现实的反映，二者实际上是不可能等同的，但是要严格服从“反映原文形式和内容统一”的根本要求。

第三节　翻译的标准与分类

一、翻译的标准

（一）内容忠实

译文必须把原文的思想内容完全而准确地传达过来。原文的思想内容也就是原文的音义，主要是指原文的概念意义，也要包括它的感情意义或修辞意义；完全而准确地表达，就是在意义上做到不增不减。原文的思想内容也可以说是原文所载荷的信息，完全而准确地传达。就是要使译文所载荷的信息量和原文所载荷的信息量完全相等，要做到信息不增值也不贬值。

要做到译文内容忠实，首先要求译者记住一点：翻译不是创作，译者的任务只是传达原作的内容给不懂原语的人，只是传达别人的意见或传递别人发出的信息，而不是发表自己的意见或发出自己的信息。在主观上不能有意地改变原文的内容或信息，特别是在原文内容与译者的思想发生某些矛盾的时候更要注意。

要做到译文内容忠实，还要求译者具有严肃认真的工作态度，防止因粗心大意而出现误译或漏译的现象。至于由于理解或表达水平影响到译文的内容忠实性的问题，需要靠虚心听取意见或在实践中不断提高水平解决[①]。

（二）语言通顺

译文的语言必须通顺，也就是说，译文在用词造句上要符合译语的语法规律和修辞习惯。在汉译英时，译文要符合英语的语法和表达，接近于当代英语普通的表现而又不局限于某一方言的文体。在英译汉时，译文应该符合现代汉语的语法规范。当为了使译文简练或为了使译文的风格同原文的风格相当而不得不使用一些文言文成分时，则在用词造句上也要符合文言文的习惯用法。

要做到译文语言通顺，首先要求译者重视表达语言的规范化。要知道译文的读者是通过译文的语言形式去了解译文的内容的。如果译文的语言不通顺，即不符合译语的规范，严重的会使译文的读者读不懂译文，这样翻译的效果就等于零；一般的也会使读者难懂或产生某种误解，翻译的效果也就打了折扣，不能达到内容忠实的标准。

要做到译文语言通顺，还要求译者努力提高自己的译语水平。要注意不生造、滥造词语，需要造新词时也要慎重。严复所说的“一名之立，旬月踟蹰”这句话，除了说明翻译工作的艰辛之外，也反映了他造新词时的严谨态度。另外，还要注意造句时句子的完整和词语的搭配关系，要经得起推敲，使用汉字要符合规范，标点符号也要使用准确。

（三）风格相当

译文的风格必须与原文的风格相当，也就是说，译文在文笔上应该具有与原文相当的特色。文章的风格也就是文章的特色，包括语言特色、民族特色、地方特色、时代特色、个人艺术特色等多方面，由于其他特色也都是通过语言表现出来的，所以语言特色最为重要。译文风格与原文风格的相当，主要是指语言风格方面的相当，其中包括词汇特色、语法特色、修辞特色和语体特色的相当。

著作的语言风格还与其性质有关。文学作品的语言风格往往不同于非文学作品。不同品种类的文学作品的语言风格又互不相同，小说的语言风格不同于诗歌，诗歌的风格不同于戏剧；同是诗歌，作家的诗作往往与民间诗歌的语言风格也不一样。

要做到译文的风格与原文的相当，一方面要善于捕捉原文的语言特色，另一

① 吕中华 . 翻译与翻译的标准 [J]. 现代交际，2017（15）：168.

方面还要善于从译语中找到相当的表现形式。译者不能根据自己的好恶而不顾译文风格和原文风格的对应。原文是朴素的，不要译成华丽的；原文是紧凑的，不要译成松散的；原文是幽默的，不要译成呆板的；原文是通俗的，不要译成典雅的。反之亦然。

二、翻译的分类

翻译活动的范围广、种类多，从不同的角度考察，大致可分为以下几类。

按翻译涉及的语言来分，可分为本族语译成外语和外语译成本族语两种。在我国可以分为外语翻译和国内少数民族语言翻译两大类。

按翻译的方式来说，可分为口译和笔译两种。两者对译者的语言技能和翻译效果各有不同的要求。专职的翻译工作者应当具备既能口译又能笔译的能力。

按翻译材料的语体来分，可分为政论文、文艺作品、科技论文、应用文翻译等多种。各种语体在用词和内容上都各具特点，要求也各有不同。翻译工作者由于知识面的限制，要熟悉各种语体的内容和专门术语是不容易的。只能循序渐进，逐步扩大自己所能翻译的语体范围，但在初学翻译时就先掌握各种语体对翻译效果的要求是可能的。

按译文表达原文的确切和完整程度来分，可分为等值翻译和非等值翻译两种。表达得完整和确切的是等值翻译，表达得不完整、不是很确切的是非等值翻译，如节译、编译等。非等值翻译往往是为适应某种特殊需要而进行的。

按译出、译入的方向分，可以分为本族（国）语译外族（国）语和外族（国）语译本族（国）语两类。有的译者精通三种或更多的语言，还可以将一种外族（国）语译为另一种外族（国）语。在笔译中，译出、译入的方向是固定的，译者只用其中一类，一般是外族（国）语译本族（国）语的居多，因为这样往往能发挥译者在表达方面的优势。但是在口译中，译出、译入往往是交错进行的，译者必须同时兼通两类。

按使用语言的形式分，可以分为口译、笔译、口语笔译和笔语口译四类。原文和译文都用声音表示的，称为口译；原文和译文都用文字表示的，称为笔译；原文用声音、译文用文字的，称为口语笔译，一般也叫作“记录整理”；原文用文字、译文用声音的，称为笔语口译，也可以叫作“读译”或“有准备的口译”。

按所译材料的性质分，可以分为文学作品的翻译和非文学作品的翻译两大类。

前者可以分为诗歌、散文、小说、戏剧等若干小类；后者又可以分为政论、公文、科技等若干小类。

第四节　翻译的过程与译者素养

一、翻译的过程

翻译的过程是理解和表达的过程。换句话说，翻译的过程是由理解和表达两个阶段组成的。有人认为，翻译还有一个校核阶段，但是所谓的校核实际上是对原文的再理解和对译文的再表达。

翻译是把一种语言（即原语）的信息用另一种语言（即译语）表达出来，使译文读者能得到原作者所表达的思想，得到与原文读者大致相同的感受。那么，翻译的关键首先在于充分理解原文所表达的信息，充分领略原文给译者带来的感受，接下来才是表达。充分理解了原文作者所表达的信息而不进行表达，称不上是翻译。只有将理解同重新表达联系起来，才称得上是翻译。在翻译过程的理解阶段，如果译者曲解了原文作者所要表达的思想，就违背了“信”的翻译原则。但如果译者充分理解了原作者的思想，而在表达阶段，由于译入语的语言基本功问题以及翻译能力等问题而不能充分地传达出原作者的思想，则违背了“达”的翻译原则。由此可见，“理解”和“表达”相辅相成。只有充分理解了的信息才有可能被充分传达，不理解的东西不可能被充分表达出来；反过来，被充分传达出来的信息一定是被充分理解了的信息。

（一）一般的翻译过程

一般的翻译过程可以分为理解和表达两大阶段。

第一阶段是理解，就是理解原文，也可以说是翻译的准备阶段。这一阶段又可分为几步：第一步，粗读原文，目的是了解原文全貌，掌握原文的基本思想。第二步，精读原文。逐段逐句地把原文弄懂，既弄懂字面意思，也弄清内在的含义。理解难度小的，可以查阅工具书；理解难度大的，也可以先把问题画出来，留着下一步解决。第三步，解决疑难问题。这一阶段集中查阅资料或请教他人，属于对原文理解方面的问题，有时在前面解决不了的，读到后面经过思考也许就解决了。因此，把问题积攒下来集中解决的办法，不但可以避免因“卡壳”而耽误时间，而且有时还可以更容易地解决问题。

第二阶段是表达，就是用译文把理解到的东西全部表达出来，属于正式翻译阶段。这一阶段可以分为几步：第一步，翻译初稿。一般情况下，以句子为单位，看一句译一句，同时注意句与句之间的联系；有时则要以小段为单位，把几个句子联系起来考虑好再翻译。第二步，校对修改。译完初稿后，自己应该进行校对，逐字逐句对照原文，检查有无漏译、误译现象，发现有就及时纠正。第三步，润色定稿。脱离原文，着重检查是否通顺流畅、前后用词是否统一等，对译文适当加以润色加工。在修改时，必要时还要查对原文，不要以辞害意。

（二）翻译过程中的注意事项

第一是进行版本校勘。凡是原文不止一种版本的（包括手抄本），应该设法把不同的版本找齐。在上述理解阶段中同时进行校勘，或者专门进行一次校勘。通过校勘，一方面可以选出最好的版本作为翻译的主要依据，另一方面也可以排除印刷或抄写不清和排印错误所带来的对原文理解上的障碍。校勘实际上是一种选择原文和提高原文质量的过程，只有在高质量原文的基础上，才能产生高质量的译文。

第二是撰写译者说明。译者说明可以采用不同的名称和形式，例如序、译者前言、译者后记等。其内容可以包括原文的作者生平、成书年代、版本情况、内容评价等。如果翻译的不是全文，则应交代删节的原则。

第三是增加译者注。译者注的内容大致可以包括两方面：一方面是与原文有关的，如原文有不同的版本，在不同版本之间差别较大的地方，注明其差别；译者认为原文有误的地方，注明之所以认为有误的理由。如仍按原文直译，则可注明“原文如此”。如根据译者认为正确的改译，则注明如按原文直译出来是什么样子，并注明改译的理由等。另一方面是与译文有关的，主要是对译文中的一些较特殊的词语加以解释，以便译文读者理解。具有较强民族特色的词语，特别是用音译的词语，可以注出其形状、特点或与其相当、类似的常见的某一事物；历史地名注出其现在的名称或大致方位；历史人物注出其生卒年代及其生平主要事迹；重要事件注明其发生年代、背景和简要过程；成语典故注明其来源及所指意义等。译者注的范围可大可小、可详可略，要根据原文性质和译者对原文研究的深度而定。译者注的形式可用文中夹注，如公元纪年、人物的生卒年、古地今名等；也可以用脚注、章节或全文后附注等。

第四是做专名索引。篇幅较大的著作中出现的人名、地名、书名等专有名词，可分别或集中起来做一份中英对照索引，便于读者查对原文。

二、译者的素养

翻译工作者必须具备一定的基本条件，或称翻译基本功。翻译的基本功一般包括以下五个方面。

（一）外语基本功

外语基本功不扎实，翻译时必定会困难重重，事倍功半。在一些译者中流传着这样的想法和说法：搞翻译只要汉语好就行。言外之意是，外语差一点无所谓，反正可以查词典。这是对翻译工作无知或所知甚少的反映。因为在翻译过程中，原文“词面”上的意思大多可以借助工具书查到，但掌握原文字里言外的或深层次的含义往往依靠译者的阅读理解能力和文化背景知识，而这是词典上永远查不到的。

外语基本功包括词汇量、语法修养、阅读能力和分析理解能力等。译者词汇量掌握得越丰富，一个词的词义掌握得越全面，一个词的搭配和用法掌握得越多，翻译起来当然会越快、越好。译者没有足够的语法知识，翻译时就会困难重重，甚至错误百出。阅读能力，也可以说是译者“化”入原著境界的能力；分析理解能力，指的是译者根据语法关系，解剖分析原文，确切理解原文词和句子成分的意义及其相互之间的关系，然后据此进行翻译措辞的能力。

（二）汉语基本功

翻译工作者在业务上必须不断提高本民族语言水平和外语的水平，不断增强母语表达能力。因为只有精通原文语言，才能透彻理解，精通译文语言，确切表达。外语达到一定水平以后，决定一个人能否搞好翻译的关键往往是他对本民族语言的运用能力。汉语基本功一般包括：词汇量、语法知识、措辞能力、组句能力、修辞能力和文学修养等。汉语水平低会造成翻译表达难、表达不佳，具体表现：组句难，句子摆不平；句子不完整，缺少应有的成分；措辞难，没有合适的措辞；词不达意，甚至表错意思；句子冗长、累赘，行文不简洁。

（三）知识基本功

一个译者，不可能在一生中只译一个作者的作品，更不可能只译某一专业领域的作品。专职的翻译工作者在实际翻译工作中涉及的知识面很广，有政治的、经济的、科技的等，古今中外的都可能涉及。所以要求翻译工作者具有广博的知识，尤其是要熟悉原著国家的政治、经济、历史、地理、文化、艺术、风俗习惯等。知识面窄带来的困难很多，如理解困难——即使知道原文的字面意思，也难以深入理解原意；措辞困难——不知汉语规范表达，只好"硬译""死译"或"乱译"；组句困难——译文句子结构难摆平；落笔困难——原意能理解掌握，却难以表达出来，好比"有口难言"。

（四）技巧基本功

要成为一个熟练的专职翻译工作者，还必须汲取前辈或同行的经验，掌握有关的理论和技巧。翻译技巧就是翻译经验和方法的提炼、总结和理论升华，是翻译工作者在处理某些翻译过程中出现的困难问题的一般规律。如果说成功的翻译存在诀窍的话，那么，翻译技巧便是其中重要的部分。我们不能只讲翻译技巧而忽视基本功，也不能只谈基本功而不讲翻译技巧。因为前者是舍本逐末，后者则忽视了翻译本身的经验总结和规律。

（五）能正确处理各种关系

1. 直译与意译的关系

美国著名翻译理论家奈达曾经说过，翻译即翻译意义。翻译的目的就是将原作的内容或者信息非常充分地传达给读者。翻译既可以在同一文化内进行，也可以在不同的文化之间进行。在同一文化或语言内进行的翻译叫作文化内翻译或者语言内翻译，在不同的文化或语言之间进行的翻译叫作跨文化翻译或者跨语言翻译。将我国的古代典籍翻译成现代汉语属于文化内或者语言内翻译，将外语翻译成中文或者将中文翻译成外语等均属于跨文化翻译或跨语言翻译。

在不同语言之间进行翻译转换，往往可以采取两种方法：一种是直译法，一种是意译法。直译就是指译文不但表达原文的内容，而且还保留原文表达的形式，比如保留原文所使用的比喻、原文的形象、原文的民族特色等；意译就是指不拘泥于原文的表达形式、形象、民族特色等，只是将原文的意义传达出来的翻译。直译和意译相互补充，相得益彰。在跨语言或者跨文化翻译中之所以能够直译和意译并举，一方面是因为不同民族的人们尽管地域、文化等不同，但他们共享一个地球，人们生活的轨迹也大致相似，都有生老病死，都有喜怒哀乐；另一个方面是因为在这些相似性的背后，各个不同民族之间存在着各自的独特性，这些独特性主要体现在各个民族所使用的语言在词汇、句法结构和表达方式等方面各有各的特征。当原文的思想内容与译文的表达形式之间不存在冲突，或者当原文所谈论的内容能够为译文的读者想象得出的时候，就可以采取直译的办法；当原文的思想内容与译文的表达形式之间存在矛盾而不宜采用直译的翻译方法处理时，就需要采取意译的翻译方法。

我们既不能说直译的翻译方法比意译的翻译方法更好，也不能说意译的翻译方法比直译的翻译方法更好。两种翻译方法各有所长，各有所短，互为补充。

2. 理解与表达的关系

翻译的第一步是理解，第二步是表达。正确地理解原文，是用译文正确表达的前提。虽然理解正确也可能出现表达上的错误，但如果理解错了，表达出来的则必然是错的。所以，在处理理解与表达的关系时，必须把理解放在第一位，在正确理解的基础上，力求正确表达。

理解和表达，各有自己的特点。理解能力首先决定于译者外语水平的高低，特别是阅读能力的高低；表达能力主要取决于母语水平的高低，特别是写作能力的高低。因此，从事翻译工作的人，应该根据自己的实际情况，有重点地提高外语或母语的水平。

理解和表达，作为翻译过程的两个阶段来说，理解是翻译的准备阶段，重在分析。只有在理解阶段肯下功夫，把原文分析透了，正式翻译起来，才可以得心应手，一气呵成。表达是正式翻译阶段，重在综合。在这一阶段，要把理解阶段的全部成果用母语表达出来。只有在表达阶段认真负责，推敲琢磨，最后才能完成一篇好的译作。

理解和表达虽然是两个大的阶段，但在理解的过程中，有时需要考虑如何表达；同时，在表达的过程中，也需要加深理解。

3. 内容与形式的关系

译者在理解和表达过程中，总是通过原文的语言形式来理解原文的思想内容，然后通过译文的语言形式来表达原文的思想内容。译者的任务在于改变语言形式而保留其思想内容。只有做到使译文的读者通过译文的语言形式所了解的思想内容和原文的读者通过原文的语言形式所了解的思想内容完全一致，才能达到翻译的效果。要达到这样的效果，就要求译者在处理内容与形式的关系时，把思想内容放在第一位，把语言形式放在第二位。在理解原文时，不能停留在原文的字面意思上，必须同时了解其内在的含义。用译文表达时，不能不顾原文的内在含义而只管字面意思的对应，也不能离开原文的内容而去追求译文词句的流畅与优美。

内容第一并不是说形式就无关紧要，因为译文的读者正是通过译文的语言形式来了解原文内容的。如果译文的语言形式不好，“词不达意”，就必然给译文的读者理解内容增加困难，甚至使人费解或误解。所以，必须重视译文的语言形式，让语言形式为正确表达思想内容服务。

在翻译实践中，有时会遇到关于吸收新的表达形式的问题。我们要从外国语言中吸收我们所需要的成分。我们不但要吸收他们的先进理念，还要吸收他们的新鲜用语。从原语中吸收一些新的表达形式来丰富译语的表达手法，有很大的积极意义。

4. 整体与局部的关系

整体与局部是相对而言的。对全文来说，段落是局部，全文是整体；对段落来说，句子是局部，段落是整体；对句子来说，句子成分是局部，句子是整体；相对词组而言，词是局部，词组是整体。但是，在翻译一篇文章或著作时，总是把全文或全书作为整体，而章节、段落、句子、词组、词都只是局部。

整体是由局部组成的，局部受整体的制约。因此，在处理整体与局部的关系时，一定要注意局部服从整体。因为词往往带有多义性，句子也有歧义句，同一种语法结构也可以表示出不同的逻辑意义。所以，理解原文时，应该根据上下文来理解词和句子的含义，注意它们之间的逻辑关系，不能断章取义。必须在整体中去理解各个局部，在各个局部的有机联系中加深对整体的理解。同样，在用译文表达时，更应注意局部和整体的联系。在词语和语法结构的选择上，应该使局部服从于整体。有时一个词在一般情况下可以这样译，但在某一特定的句子中可能会不合适；在某一句子中这样译没有问题，而从全文或段落上来考虑又不见得合适。这就必须从整体的角度出发，选用能和整体有机结合的、符合逻辑关系的词语。

在实际翻译过程中，人们有时只注意局部而忽略整体。例如对一个词、一条成语的译法注意到了，但全句是否通顺、是否确切地表达了原意却往往被忽略了；有时一个句子的译法注意到了，但与前后是否搭配得当、是否联系紧密、是否符合逻辑却被忽略了。所以在处理整体与局部的关系时，要特别强调顾全大局。要防止把原文割裂开来，要防止译文松散或词语前后不统一，防止呼应失调等现象。要在顾全大局的前提下字斟句酌。

5. 音译与义译的关系

音译和义译是翻译中处理词汇的两种方法。音译是指把原语中的词语用译语中跟它相同或相近的语音（文字）表示出来。音译也叫“译音”，音译出来的词叫“借词”或“外来语”。义译是指把原语中的词语用译语中跟它意义相同的词语表达出来，这种词语既可以是译语中早已有的，也可以是用译语中既有的语言材料新创造出来的。

音译这一方法，在不同语言互相接触时早已产生。各种语言中都有借词，这就是音译的结果。在各种语言的翻译活动中，都根据不同情况采用音译这一方法。我国古代大翻译家玄奘曾提出过“五不翻”的原则，所谓“不翻”指的就是音译，可见音译这一方法早就为翻译界所重视。

音译和义译各有特点。一般说来，音译限于名词，义译则不受此限制。在名词中，音译多用于专有名词（如人名、地名），义译则用于非专有名词。自然科学中的一些专业术语有的可以音译，而社会科学中的则往往需要义译。在特殊情况下，专有名词也需要义译。例如，文学作品中的某些人物的姓名，由于原文作者赋予了它们某种特殊含义（如双关、外号或谐音等），翻译时往往需要义译表达出来。

在音译和义译的选择上，有两种倾向必须要注意：一种倾向是滥用音译，特别是在新词术语的处理上。不是首先考虑用原语已有的词或用母语中的语言材料创造新词来表达，而是图省事，随便用音译，致使译文难懂。另一种倾向是拒绝音译，怕影响母语的“纯洁性”，不恰当地用代表旧事物、旧概念的词语来表达本质不同的新事物、新概念，造成混乱。

音译和义译有时可以结合起来使用。一种方法是半音译半义译，即一个词语的一部分用音译，另一部分为义译；另一种方法是音译加注，即在音译的同时，在前面或后面加上带注释性的义译。音译和义译结合得最巧妙的要算音义兼译，即语音相近、语义相同，不过这种情况多半带有一些偶然性。

以上谈的几种关系，是为了讨论问题方便从不同的角度提出来的。实际上，它们常常互相交织在一起。在翻译实践中，往往会同时碰到两个或两个以上的这种关系。因此，必须注意处理好几个方面的关系。

第二章　英汉语言对比

第一节　英语与汉语的比较分析

比较分析是语言研究的重要手段。不一样的语言比较分析不仅有利于教学与翻译，还有利于语言交流。经过比较分析，人们能够更进一步地了解外语与母语的特点，在交流时可以有意识地注意到不同语言各自的表达方法，以便顺应这些差别，防止表达错误，规避运用失当，进而达到交流的目的。

翻译教学与研究的经验表明，翻译理论与技巧一定要建立在不一样的语言与文化的比较分析基础上。英汉互译的一些基本准则与技巧，如选词、转换、省略、重复、增补、变换、拆离、重构以及时态、语态、习语与术语等的翻译方法都集中体现了英汉语言的不同特色。翻译困难的原因就在于两种语言的差异以及文化差异造成的阻碍。比较分析就是从这两类语言的各个方面发现二者的差异与相似之处，以便为后来的翻译打好基础。所以，分析、对比与归纳此类差异就成了英汉互译过程中对翻译者来说不可缺少的环节。本节笔者将围绕谱系、语言类型、词汇来研究英语与汉语的比较分析。

一、谱系

英语属于印欧语系（Indo–European language family），是一种拼音（alphabetic）文字。单词中没有四种声调（tone），但是句子可以有不一样的语调（intonation）。汉语属于汉藏语系（Sino–Tibetan language family），是一种表意（ideographic）文字，音节具有四种声调，语调也很丰富[①]。

二、语言类型

从语言形态学分类来看，英语是从综合型向分析型语言发展的语言，汉语则

① 薛锦．英汉语言对比分析和研究 [M]. 汕头：汕头大学出版社，2019.

是以分析型为主的语言。综合型语言是指这种语言主要是通过词本身的形态变化(inflected forms)来表现出语法含义的。分析型语言是指语言里的语法关系并不是通过词本身的形态变化来表现的，而是通过使用虚词与词序（word order）等方法来表现的。

英语属于综合分析语（synthetic-analytic language），它的特点是有丰富的形态变化，主要包括构词形态与构形形态。构词形态是指起构词作用的词缀变化(affixation)。英语的词缀不但规模大、数量多，而且种类全。构形形态指的是表示语法意义的词形变化，包括动词、名词、代词、形容词和副词的变化以及上述词语的词缀变化。这些变化包括数、时态、语态、语气、比较级、人称以及词性等。比如，英语用 table 表示桌子的单数形式，tables 表示复数形式；英语陈述句里一般现在时的第三人称单数形式，动词后面要加“s”。

汉语是分析语（analytic language)，它的典型特点是不像英语具有严格意义上的形态变化，就是说汉语的名词不会因为自身形式的改变而变成复数形式，动词也没有时态。汉语句子的组合主要是靠词序与虚词。

三、词汇

（一）在词类划分上

英汉语言虽然都有实词与虚词的分类，语法的作用也大概一样，但也有很多不同的地方。英语中的冠词与汉语中的量词以及助词都为各自语言所独有，并不直接对应。并且汉语里的助词属于一种特别的词类，英语虽然没有这种助词，但是它的动词的时态与体式、句子陈述和疑问都分别和汉语的助词的作用相对应。除此之外，汉语里也没有英语的关系词与反身代词。就词类运用的频率来看，因为一个英语句子只可以有一个谓语动词，而且其他一些具有动词含义的词语只能用非限定性动词（不定式、分词和动名词）、抽象名词、介词、定语从句等进行表达，这样就限制了英语里动词的运用。与此相比，在汉语中，动词的使用方法不会受任何限制，由此出现了这种现象：汉语多用动词，英语多用名词。而且与汉语相比，英语中使用连词与介词的概率要更大。

（二）在构词上

英汉词汇都使用了派生、合成、转化、缩略等手段，但在汉语里还有一种英语中很少使用的构词手段——重叠。

派生法主要是在单词前后加词缀。加在单词前面的词缀叫作前缀，加在单词后面的词缀叫作后缀。英语和汉语相比，前者属于综合分析语，突出特征是词缀丰富，而后者属于分析语，突出特征是没有前者那样严格意义的形态变化。所以，与英语相比，汉语的词缀数量没有英语多，其运用的范围也没有英语广。英语词缀可以表示人、物、形状等，还可以构成形容词性、动词性、名词性等词缀。在汉语中，词缀主要表示人，后缀比前缀更丰富，并且大多数词语的后缀是名词性的。举例如下。

英语前缀：dis、un、in、im、re、mis 等；汉语前缀：老、小、第、阿等。

英语后缀：or、er、ist、ary、ese、ive、ist、ess 等；汉语后缀：人、者、师、士、夫、家、员、子、父等。

合成词是两个或更多的词合成的一个新词。在英语中，合成词里有的中间会用连字符，比如 birth-control；有的词语直接写，比如 outdoor、outgoing、misunderstand 等。与英语相比，汉语就简单一点，在汉语中，所有的合成词都不需要像英语那样用连字符，如价值、书架、骨肉、动静、风浪等。

转化是指从一种词类经过转化变成另一种词类。转化后的词语意思与原来的词语意思有着密切的关联。例如：good（*adj.* 好的、*n.* 益处）；eye（*n.* 眼睛、*v.* 看，目击）；英语学习（名词）、学习（动词）英语；努力工作（动词）、教学工作（名词）。

缩略构词法在英汉构词法中都存在。英语中的缩略语通常采用合并（如 interpol=international police、heliport=helicopter airport 等）、缩写（如 UFO、VOA、SARS 等）、截短（如 lab、tech、maths、flu 等）。汉语中的缩略词分双音节和三音节两类，例如：地铁（地下铁路）、科研（科学研究）、高校（高等学校）、彩电（彩色电视机）、立交桥（立体交叉桥）、博士生（博士学位研究生）等。

重叠是汉语构词法的另一个特色。汉语中的很多词类都可以重叠，如名词（年年、天天）、动词（听听、瞧瞧）、形容词（圆圆、高高）、量词（个个、件件）等。重叠的形式结构也多种多样，如千千万万、家家户户、干干净净、收拾收拾、花花世界等，而英语很少使用重叠构词法。

（三）在英汉词汇的词序上

它们既有相同的地方，又有不同的地方。这两者不同的地方主要表现在以下三个方面。

第一，在英语中，一个英语单词的修饰语总在中心词的前面，而短语和从句总会放在中心词的后面。但在汉语中，其修饰中心词的定语不管是单词还是词组，总放置于中心词前面。举例如下。

例 1：This is a black cat.

译文：这是一只黑猫。

例 2：The girl in white is my sister.

译文：那个穿白衣服的女孩是我的姐姐。

例 3：我喜欢我妻子沏的茶。

译文：I like the tea my wife makes for me.

例 4：农村的孩子喜欢玩沙土。

译文：Children in the countryside like playing sand.

第二，在正常情况下，英语的谓词状语可出现在动词前后，汉语的谓词状语倾向于出现在动词之前。英汉语言的时间状语和地点状语有单位大小之分。几个同类状语同时出现时，英语中的正常顺序是先小后大，汉语则先大后小，两者顺序完全相反。举例如下。

例 1：They studied the problems carefully.

译文：他们仔细地研究了那些问题。

例 2：The poet died on a Monday morning in July 2005.

译文：这位诗人死于 2005 年 7 月一个星期一的早晨。

第三，由于文化不同，在汉语和英语中，有一些词语的排列顺序也不一样。举例如下。

悲欢：joy and sorrow；水火：fire and water；田径：track and field；同一的：one and the same；不论晴雨：rain and shine；饥寒交迫：suffer from cold and hunger。

（四）在词汇的意义方面

第一，英语中有大量同义词。这里的同义词是指两个或两个以上的，彼此有同样或者差不多同样基本意义的词。例如，work、job 和 task 都表示“工作、任务”的意思。这几个词语的意义相近，用法却各不相同。又如，英语中的 look、see、watch、notice、observe、stare、view、glare、guard 等在汉语中的意义都是表示“看”，但是它们的用法都不尽相同。look 表示简单看一下，没有结果；see 表示看一下，有结果；watch 是看电视，看电影；notice 表示注意别人的言行举动；observe 表示观察，研究；stare 表示盯着看；view 是浏览；glare 是怒视；guard 则有看守的意思。再如，在英语中表示“开心的、高兴的、激动的”之类的意思时，用 happy、glad、joyful、excited、stoked、awesome、psyched、flushed、gleeful、jubilant 等，这些词虽然意思相近，但是它们的用法并不相同。

第二，英语中一词多义和一词多用现象相当普遍，同一个词往往属于几个词类，一个词往往具有许多不同的意义。比如，下面 like 的用法。

例 1：He likes the girl.（动词）

译文：他喜欢这个女孩。

例 2：What are your likes and dislikes?（名词）

译文：你喜欢什么不喜欢什么？

例 3：My father is like a child.（介词）

译文：我爸爸像个小孩。

汉语中也有一词多义现象。比如，“上”字在《辞海》中有很多条意义。

上班：to go to work，to be on duty；上火：to get angry；上路：to set out on a journey；上马：to mount a horse；上台：to come to power，to perform。

第三，英语词语的含义很广，灵活多变，因此要结合上下文理解词义。与英语相比，汉语词语的含义较窄，词义更稳定，对上下文的依赖没有英语那么大。因为英语和汉语这两种语言所处的社会历史、自然环境、文化传统、思维方式、风俗习惯等不同，所以还存在很多对应不上的词，主要是词汇的空缺和词义的部分对应。

词汇空缺的原因主要是英语和汉语这两种语言的文化传统不同，英语或者汉语中也存在所承载的文化信息在翻译时找不到其“对应语”或“对等语”。例如，汉语中的“老天爷、粽子、混沌、炊饼、风水、茼蒿、跑龙套、豆腐、磕头、烤冷面、阴、阳、功夫、馄饨、中医术语”等，在英语中根本就找不到对应词。同样，汉语中也没有某些英语单词的对应词，如 Karaoke、hard drink、spirits、Hippie、meet one’ s Waterloo 等。

第二节 英语与汉语的句法结构对比

英汉两种语言在句法方面有很大的差异，这与英语是屈折语（inflectional language）、汉语是非屈折语（non-inflectional language）有很大关系。英语的语言形态多种多样，所以英语被称为屈折语言，也有人说英语是有标记的语言（如可以用词根或者词尾的不同区别词类），并且常用一个客观的词去指示词和词之间的关系，而不像汉语那样要读者自己去解读。比如，“Don’ t come in until I call you.”，这句英文两个动作之间的关系由一个连接词 until 明确地指示出来，不可能有误解。同样表达这个意思，汉语就可以不用任何词去指示这两者的关系：“不叫你就不要进来。”由此可以看出，英语的客观性比较强，而汉语的主观性比较强，两者在这方面有不同的特点。我国的语言学家王力先生曾经说过，汉语是“人治”的语言，而印欧语系的语言是“法治的”。贾玉新在《跨文化交际学》中指出，英语高度形式化、逻辑化，句法结构严谨完备，并以动词为核心，重分析轻意合；而汉语则不注重形式，句法结构不必完备，动词的作用没有英语中那么突出，重意合轻分析[①]。

一、英语重形合，汉语重意合

英语注重形合，因此语言句子的结构十分严谨，表意精确。与英语相比，汉语就比较注重意合，句子的结构松散，因此词更加注重表达意义。

“鸡声茅店月，人迹板桥霜。”在此诗句中，不需要作者来言明各意象的关系，无论是鸡声、茅店，还是板桥、霜，其内在的联系都可以由读者自己去想象、体会。但也不排除会有人持反对意见，认为这种表达方式是诗词特有的，并不能代表常用的普通文字。例如，常用的名词“文字”“纸张”和动词“印刷”，这三者的关系不能用简单的形合来解释，需要通过意念的把握和理解。与汉语相反，英语往往会显而易见，看不出字里行间还蕴藏着什么意思。英汉两种语言的特点上面都提到了，一个注重形合，另一个则看重意合，在不同的场景和语境需要下，两种语言特点各有千秋。将一个重形合的文本译成重意合的文本，最常犯的错误就是将形合的特点迁移到重意合的语言中。

① 沈世锦．英汉句法对比综述 [J]. 现代交际，2017（8）：177.

二、英汉语序差异

英汉两种语言除了形合、意合的不同外，还有一个重要的不同之处：语序。英汉两种语言基本的语序都是 SVO（Subject+Verb+Object），因而一般简单的句子并不难阅读。中国人说“我买了一本书”，美国人说“I bought a book”，都不用克服语序不同而造成的障碍。如果将语言化简到这种程度，将实现电脑翻译。但在表达的时候，句型只要一复杂，语序导致的翻译困难就出现了。“I will go to school tomorrow.”就不能译成“我去上学明天”。在这种情况下，翻译时需要将表征时间的副词移位。但是，有些英语句子十分复杂，语序不同造成的障碍十分大。在这种情况下，可以尝试将句子简化为一个一个小的语序相对简单的句子，先简化再翻译。

除此以外，还会遇到英汉互译时从句的语序变化问题，以状语从句为例，其位置可以在主句之前或主句之后，如下例。

例 1：He got the job although he had no qualifications.

Although he had no qualifications he got the job.

例 2：We camped there because it was too dark to go on.

Because it was too dark to go on，we camped there.

当 although 和 because 等在引导状语从句时，句子的意思会因为其所在的位置而存在些许差别，但这在语法当中是允许存在的，并且实际差别不大，并不影响翻译和理解。汉语中更倾向于将这些从句置于句首，当然放在句末也是可以接受的。所以，在这类状语从句的语序上，英汉两种语言没有太大差别。

需要注意的是，也存在一些状语从句的语序在英文中相对灵活，但在汉语中却存在限制的情况，如下例。

例 1：As I was swimming down the river, I saw a beautiful fish.

例 2：I saw a beautiful fish as I was swimming down the river.

翻译上述例句时，一般不会将 as 从句放在后面。在英语中可前可后的句式，在汉语翻译时，一般统一放在前面，当然不排除少数可以放在后面的情况。

在英汉两种语言中，定语从句的位置也有必要对比。一般来说，在英语中，定语从句会出现在被修饰词右边，也就是 RBD（Right Branching Direction）原则。例如：“The musician who played at the concert is from China.”。汉语中的定语从句却是与之相反的，也就是定语从句在被修饰词的左边，称为 LBD（Left Branching

Direction）原则。例如：“在音乐会上演奏的那位音乐家是从中国来的。”这种在句子展开方向上的不同给翻译带来了一些困难。因为英语的 RBD 特点，使英语可以很方便地利用定语从句来表达意思，例如：“约翰读了玛丽写给真正爱着简的男孩的那封信。”这正是符合英语 RBD 格式的句子，译者可直接译为“John read Mary’s letter to the boy who really loved Jane.”。

句法中不容忽视的还有被动语态的对比。比如“Tom was beaten by Jarry.”，“刘能被赵四打了”，这些都是被动句式，但被动句在英汉两种语言中使用的场合是不完全一致的。区别在于：英语具有较为严格的句式结构，句子一般不能缺少主语；但汉语截然不同，常见无主语的句子，所以有些情况下汉语使用主动句式，英语却没有可以对应的句式，只能使用被动语态。例如：“The application has been improved. A number of new features have been added and a number of bugs have been fixed.”，本句中连续使用了三个被动结构，如果换成主动语态，就很难找到三个动作的实施者，而且某些科技文章要减少主观色彩，去掉主语可以增加其客观色彩，所以首选一般是被动语态。汉语中则不存在这些顾虑，上面的句子就可以翻译为“已改进了该应用程序，增加了一些新的功能，同时纠正了一些错误。”必须有主语的规则限制了英语的使用，而汉语更加灵活的被动结构使被动句成了一种选择。例如：“The procedure is performed under local anesthesia in an outpatient facility.”，这句就可以译成无被动形式标识的被动句：“这种手术只需局部麻醉，在门诊部就可以做。”或者使用主动句式，翻译成一个无主句：“可在局部麻醉情况下在门诊部施行手术。”在翻译过程中，需要注意的是，在汉语被动句式中，不需要明显的形式标识来表示被动，并不是被动句就一定使用“被”字，比如“他选上了”和“高粱收割了”。例如：“The article has been translated into English,but with little elegance to speak of.”，翻译的人可能将此句译成“这篇文章被译成英语后失去了不少文采”。在这里，不用“被”反而会好些。即使使用被动语态的标识词，也不一定要用“被”。汉语中还有“受”“遭”“为”等都能起到相同的作用，翻译者需要灵活运用，根据需要选择。

三、英语叙述呈静态，汉语叙述呈动态

英语句子中多出现名词，因而叙述也会更加偏向静态（static）。而汉语中总是使用很多动词，所以会出现动态（dynamic）的叙述。关于所提到的动态和静态的

含义，我们自然而然地会将名词定义为“静态”，因为其所指的实体无论是具体名词（如 table、house、chair），还是抽象名词（如 length、width、hope），都是表示稳定的。动词则被定义为“动态”，表示各种动作或产生变化的情况。

第一，英语的静态倾向多体现在名词化现象上，它主要指用名词来表达原来属于动词或形容词所表达的概念，如用抽象名词来表达动作、行为、变化、状态、品质、情感等概念。这种处理方法具有的优势就是使原本复杂的内容可以更加简单地表达出来。在英语语句中一般只能使用一个谓语动词，且其具有强大的派生构词法，使多数常见的形容词或动词都可以变为相应的名词形式，再加上英语的介词十分丰富，这就使英语句子的表述倾向于静态。最常见的就是在科技、政策相关领域的文章中，巧妙地运用静态表述，可以使文章整体更加严谨，具有庄重感，更体现哲理性和逻辑感。

例 1：The doctor’ s extremely quick arrival and uncommonly careful examination of the patient brought about his very speedy recovery.

译文：医生迅速到达，并非常仔细地检查了病人，因此病人很快就康复了。

此外，英语中名词和名词化短语的使用日益广泛，还体现在它们不仅“挤掉”了其他一些词类（如形容词），还顶替了很多语法结构。例如，bridge crane（桥式起重机）=a crane looking like a bridge；replacement part（备用零件）=part for replacement；a hard worker（工作勤奋的人）=someone who works hard。

第二，由于英语名词和名词化短语的使用很普遍，且英语语句有着明显的形合的特点，所以介词很常用。

第三，英语中还常常使用包含有动态意义的副词或者形容词表达动词的意义。英语中有些形容词的词根是动词。比如：grateful、beautiful、hopeful、agreeable、ingratiating、productive 等。在英语中使用这类动词的同源形容词与弱化动词相结合的现象很普遍。一些由分词派生的副词或者是以动词—形容词—副词这种方式派生的副词，如 surprisingly、depressingly、unbelievably、wonderfully 等也具有某种动态意义。

例 1：We are always proud of our great motherland.

译文：我们总是为我们伟大的祖国感到骄傲。

例 2：I am doubtful whether he is still alive.

译文：我怀疑他是否还活着。

例 3：He is wonderfully patient.

译文：他的忍耐功夫着实令人吃惊。

第四，英语的静态倾向还体现在其动词的弱化和虚化上。英语中最常用的动词正是动作意味最弱的动词（如 to be），以及一些常用的弱式动词（如 have、become、grow、feel、go、get 等），这些动词的各种形式都缺乏动态感。此外，英语还常常将动词转化或派生成名词，置于虚化动词（如 have、make、do、take 等）之后作宾语，如 have a look、take a walk、pay visits、do some cleaning 等，这类动词短语往往显得虚弱或平淡无味。

在英语中，叙述往往呈现静态倾向，通常将动词进行派生、虚化、弱化或转化，用名词、形容词、副词或介词表达动词的意义。

在汉语中，没有谓语动词和非谓语动词之分，也没有无定式和非定式之分，所以汉语动词并不像英语动词那样前后受限。在汉语中，动词可以用作多种成分，如主语、谓语、宾语、定语、状语、补语等。汉语中的动词更加注重动态描写，尤其是在表达复杂的思想时。汉语的特点是多用动词，按照一定的顺序，如时间顺序、逻辑顺序或空间顺序，逐步交代，层层推进。

例 1：行者见她闭了门，就弄个手段，拆开衣领，把定风丹噙在口中，摇身一变，变作一个蟭虫儿，从她门隙处钻进。（吴承恩《西游记》）

译文：When Monkey saw that she had closed the gate, he decided to play a trick. Having taken the wind-calming pill from his collar and put it in his mouth, he transformed himself into a tiny gnat and squeezed through a crack in the gate.（杨宪益、戴乃迭译）

第五，汉语的动态倾向主要表现在以下几个方面。

其一，动词可以在汉语句子中连续使用，如兼语式和连动式。

例 1：他们打完球洗澡。（连动式）

译文：They will take a bath after they have played basketball.

例 2：我们请她跳舞。（兼语式）

译文：We asked her to dance.

其二，在汉语句子中，动词或者动词词组可以充当各种成分。

例 1：夸奖一回，奉承一回，把老太太的心都说活了。（作主语）

译文：All their praise and flattery are having some effect on the old lady.

例 2：革命不是请客吃饭。（作表语）

译文：Revolution is not a dinner party.

例 3：他心不在焉，几乎闯祸。（作谓语）

译文：His absence of mind nearly caused an accident.

例 4：他们决心洗心革面，脱胎换骨。（作宾语）

译文：They are determined to turn over a new leaf.

其三，汉语动词常常重叠或重复。这可以明显加强汉语动词感的表现力。

例 1：要吃有吃，要穿有穿。

译文：You will have enough to eat and sufficient to put on.

例 2：想喝就喝，想吃就吃，别客气了。

译文：Drink or eat as you like. Please make yourself at home.

除此之外，使用含有对偶复意或对立并联的动词词组也可以增强汉语的动态感。例如：想方设法、离乡背井、提心吊胆。

由于以上特点，英汉互译的过程往往就是一个静态与动态互相转换的过程。也就是说，英译汉时，主要是英语的部分静态句要向汉语的动态句转化，部分名词、介词、形容词和副词等静词要转化成汉语的动词。

相反，在汉译英时，汉语的动态句要向英语的静态句转化，汉语的动词要向英语的名词、形容词等转化，甚至要向具有某种动态意义的介词和副词转化。

四、英语的“主语突显”结构和汉语的“话题突显”结构

英语中一般使用“主语突显”的结构，就是句子中要有主语和谓语，因为主语和谓语是英语句子的基本结构。汉语中一般用“话题突显”的结构，就是句子的基本结构是信息单位话题或评说的语言。

英语句子的结构很严谨。主语和谓语在英语句子中是不可缺少的。英语句子的主谓结构可归纳为五种基本句型，即 S + V（主 + 谓）、S + V + P（主＋系＋表）、S + V + O（主＋谓＋宾）、S + V + O + O（主＋谓＋间宾＋直宾）、S + V + O + C（主＋谓＋宾＋宾补）等。因为英语句子的结构严谨、语法规范，所以英语句子一般都是由这五种句型变化而成的。英语句型中必须有 S + V 结构，所以英语是主语突显的语言。

在 1968 年出版的 *A Grammar of Spoken Chinese* 一书中，赵元任首次提出了话

题－评说理论，他运用这个理论研究汉语，并认为在汉语里，主语和谓语之间的关系与其说是施事与动作的关系，不如说是话题－说明的关系，施事与动作可以看作话题和说明的特例。因此，在汉语里用含义更为广泛的话题说明也许要适合得多。事实证明确实如此，汉语句子和英语句子在结构上有所不同，所以在分析汉语句子时使用话题－评说的观点更能说明这一点。汉语句子一般会将话题，即要说明的对象放在句子的开头处，而将说明部分放在话题之后。如果有语言环境或者上下文暗示话题的时候，要说明的对象也可以省略。

例 1：He was canny,openhanded,brisk,candid and modest.

译文：他为人聪明，生气勃勃，忠厚耿直，谦虚谨慎。

例 2：These cars of new types are fast,efficient and handy.

译文：这些新型汽车速度快，效率高，行动灵活。

五、英语的“物称表达法”和汉语的“人称表达法”

物称表达法是英语句子常用的方法，主要用客观的口气表现事物，让句子变得间接委婉、公正客观。而汉语句子在描写事物和阐述事理时，经常会使用人称表达法，就是用人或有生命的事物作主语。

英语中可以使用非人称作主语，主要可以分为以下几大类。

第一，使用抽象名词或无生命的事物名称作主语，同时使用表示人的动作或行为的动词作谓语，此句式常常带有拟人化的修辞色彩。

例 1：Excitement deprived me of all power of utterance.

译文：我兴奋得什么话也说不出来。

第二，用“there be”“it”和不定代词“one”作主语。

例 1：It never occurred to me that she was so dishonest.

译文：我从来没想到她这么不诚实。

第三，在英语中常用被动态，采用物称表达法；汉语中常用主动式，采用人称表达法、隐称表达法或泛称表达法。英语采用被动态，可以更加客观、间接、婉转地将所要叙述的事实或观点表达出来，避免个人主观臆断。在汉语中较多使用的是主动式，对被动式的使用很少，甚至不用。这是因为中国人认为“事在人为”，所以汉语常常采用人称表达法，中国人认为人的动作和行为是人做的，而不是事或物做的，所以汉语会突出施动者，如果没有具体的人称，就采用泛称，如

“有人”“大家”“人们”“人家”等。当主语在上下文或语境中出现过，汉语也可采用无主语句，即隐含人称或省略人称。

例 1：Rubber is found a good isolating material.

译文：人们发现，橡胶是一种很好的绝缘材料。

所以，翻译者在进行英汉互译的过程中，要全面把握原文的意思，对句子进行整体分析，深刻把握句子表达习惯的不同，对译文句子的主语进行重新选择。在汉译英时，要根据原文的意思，为英语添加适当的主语。而在英译汉时，则可以将原文的物称主语转换为汉语的人称主语。

例 2：过河拆桥，忘恩负义绝没有好下场。

译文：Those who kick down the ladder will certainly come to no good end.

第三节　英语与汉语的话语及篇章结构对比

一、英语与汉语的话语结构对比

由于翻译实践比翻译理论滞后，很多翻译理论的成果都没有应用到实践中。语言学家近几十年一直在研究话语结构这个概念，翻译研究者们也开始讨论话语和翻译的关系。而传统的翻译理论没有注意话语结构，而只注意句子结构。若要让译者认识到话语结构的重要性，就应该从英汉两种语言的话语结构的比较中寻找答案。

话语结构是约定俗成的，是人们讲话时使用的固定模式，需要遵守一定的规则。但是有些句子的结构不是很固定。

在生活中，最常用的话语结构就是礼貌用语。在人们交往的过程中，不同国家有不同的特定用语。比如，在中国给别人送礼物的时候，会习惯性地贬低自己的礼物：“这份礼物不太好，不要太嫌弃。”而在外国，当别人说你英文说得很好时，你会回答说：“我说得哪有那么好。”但是当你夸奖西方人的时候，他们一般不会谦虚，会说“Thank you.”。此外，还有很多类似的例子。比如，最常用的“谢谢”。“谢谢”主要是表达感谢的意思，但是它在中西方使用的场合并不完全相同。在美国，家庭成员之间会经常使用“谢谢”；但是在中国，家庭成员之间不经常使用“谢谢”这个词语，这是因为说了反倒有些见外，当然随着文化的开放，这种习惯也有所改变。请求一类的用语也有固定的说法。比如，西方人想通过电话和某人说话时，会说“May I talk to Tom?”，中国人就不会这样说，中国人如果说“我可以和汤姆讲话吗？”就很别扭。除了这些外，在英语中还有很多类似的固定话语结构，如“Those things come and go.”“That was then.”和“This is now.”等都是“老生常谈”，是经常使用的。我们在生活中仔细观察就会发现这类话语结构的不同。由于不同语言背后的文化不同，语言的话语结构也不同。这就要求我们在翻译的时候注意选择方法，是采用照原文直译的译法，还是采用译入语中功能对等的译法。

句子之间的衔接是否紧凑，也是与话语结构有关的问题。在英语中，几个句子之间的衔接是有规则的。但是在汉语中同样意思的句子不一定都会用同样的方法来衔接。译者在翻译时应该看到英汉语言话语结构的差异，突破句子的限制来观察语言。译者要把眼界放开阔，把比句子大的语言单位看作一个个整体，就会发现这些语言单位的结构也受各自文化的制约。译者时常会发现一些非常有意思的问题。例如，在翻译时是否可以将几个句子的顺序颠倒一下，或者将段落中的最后一句放到最前面去。这实际上就涉及语段篇章的安排，也就是人们常说的“布局谋篇”①。

二、英语与汉语的篇章结构对比

篇章结构的不同实际上是思维结构不同在语言上的反映，所以我们需要把握英语和汉语在思维方式上的不同。在《翻译标准多元互补论》中，翻译学家辜正坤曾指出，英语往往把最需要表达的东西放在一个句子的最前边，而汉语却往往把最需要说的东西放在句子的最后边。他将反映心理结构的印欧语和汉语不同的句法结构总结概括出来：印欧语是从小到大、由内向外、从微观到宏观、从近到远、从个别到整体、从具体到抽象，而汉语则相反。

反映在句子的句法结构上的差异也反映在比句子大的语言结构上。用英语和汉语在书写姓名和地址时的差异就是最明显的例子。在用英语写信时，要先写姓名，再写街、城市、州、国家，按照从小到大的顺序，如 Tom Smith、389 Pine St. Fresno、CA90111、U.S.A.；而用汉语写信时，要先写国家，再写城市、街，最

① 郭惠琴．英汉语言对比与翻译研究 [M]. 北京：北京工业大学出版社，2019.

后写姓名，如中国北京、黄河大街 11 号、李美娜女士收。所以，在翻译地址时，要根据不同文化的翻译方式来翻译。英语句子和汉语句子在段落中的排列也不同。英语句子一般是主题句在段落开头；而在汉语中，那些放在段尾和段中的句子往往才是中心句。所以，在英汉互译时，是保留原句的布局特征，还是采用译入语的布局特征，要视情况而定。虽然两种方法都不会改变基本的语义，但是很多人都认为将句子前后颠倒的办法不可行。

第四节　英语与汉语的文化差异对比

文化是一个民族知识、经验、信仰、态度以及时空观念的综合。文化渗透在生活的各个方面，它是连贯的、持久的。事实上，文化到目前为止还没有统一的定义。《大英百科全书》曾对世界上各个国家的正式出版物作过统计，结果发现世界上关于文化的定义有 160 多种。这说明，学者们的视角不同，对文化的定义也就不同。在众多的文化定义中，19 世纪英国文化人类学家爱德华·伯内特·泰勒提出的关于文化的定义最有影响，他在 *Primitive Culture* 一书中提到，文化是一种复杂体，它包括知识、信仰、艺术、道德、法律、风俗以及其余社会上习得的能力与习惯。泰勒的文化定义虽然强调了精神方面的文化，但是没有谈及物质方面的文化。后来很多国家的学者对泰勒的定义进行了修正，补充了很多有关“实物”的文化现象。简而言之，文化所包含的东西是很广泛的，它拥有人类社会可以共同享有的一切产物，既包括由人参与或者由人加工的物质文化，也包括婚姻制度、家族制度、政治法律制度和社会经济制度，以及在这些制度基础上衍生出的各种团体制度和组织文化，还包含精神文化，如世界观、价值观、审美标准和思维方式等。

语言和文化关系密切，互相依赖，互相作用。语言不仅是文化的一部分，也是促进文化传播的载体和工具。语言可以记录人们的生活行为和习惯，也可以记录知识和经验，还可以描述人们的文化信仰。所以说，语言是文化的镜子，文化制约和影响着语言。语言的发展反映了文化的发展，这一点在世界全球化的过程中非常明显。改革开放以来，中西方文化交流越来越密切，汉语中反映当代西方文化的名词术语比比皆是，如麦当劳（McDonald）、网上购物（online shopping）、克隆（clone）、快餐（fast food）等。这些词语早已融入现代汉语词汇中，由于它们的存在，汉语词汇更加丰富，汉语的表达能力也得到了提升。随着外来词语的进入，人们的观念得到了改变，促进了社会文明的发展。文化的交流是双向的。中华文化历史悠久，内涵丰富，生命力旺盛。中华文化也会反映在英语词汇中，如 Kungfu（功夫）、Yangko（秧歌）、Confucianism（儒教）、lose face（丢脸）等。西方的英语词典早已将这些词汇收录进去，它们成了西方文化的重要组成部分。随着中国综合实力的提升，科学技术也在不断发展，中华民族的文化对西方甚至世界文化的影响越来越大，反映中华文化的词汇也会越来越多地融入西方甚至世界的文化及语言中。

文化是一种社会现象，也是历史的积淀物，文化是一个民族在特定的时间和特定的环境里造就的。所以，文化有鲜明的民族性。语言是不能单独存在的，它依靠文化生存发展。翻译是为了更好地交流和传播各国文化。翻译并没有那么简单，不仅是语符表层指称意义的转换，还是两种文化之间的交流和移植。翻译是两种语言之间的转化，更注重两种文化的交流。

翻译是跨文化交流的桥梁。翻译促进国家和民族之间文化的交流和渗透。人类具有共通性，所以各个国家的文化也是相通的。例如，汉语在说坚持的时候有“滴水穿石”一说，英语也有“constant dropping wears the stone”。所以，无论是英语还是汉语，在翻译的过程中都有可能出现语言形式或意义上的对等。译者在翻译时要注意中西方文化的差异。文化差异指的是因地域不同、环境不同，人们的语言、知识、道德、思维方法、信仰等方面的不同。随着时代的发展，文化越来越具有多样性，这种文化上的多样性是由各个民族的地理环境、价值观念等的不同造成的。不同的文化观念会发生局部的交叉碰撞和冲突，其中以东西方文化差异尤为突出，可能导致人们对同一事物或同一理性概念的不同理解和解释，有时甚至引起误解，从而给语言的翻译带来种种障碍和困难。所以，译者不仅要了解语言之间的差异，还要了解民族文化之间的差异[①]。

语言翻译因英汉文化差异所要面对的问题主要体现在以下几个方面。

① 刘娜. 英语与汉语的语言文化比较研究——评《英语翻译的原理与实践应用》[J]. 领导科学，2021（2）：125.

一、词汇空缺

词汇空缺，是指在某一特定文化中所具有的事物或概念在另一文化中没有其对等语或对应语，给翻译造成很大困难。这类词主要包括以下几个方面。

社会文化方面，如中国有“大锅饭”“下海”等词汇，而英语中有“snooker”（落袋球戏）等词汇。

生态环境方面，如汉语中的“三九”“三伏”等词在英语中就没有对等词。

物质文化方面，如汉语中有“中山装”“饺子”等，而英语中有“hot dog”（热狗）等。

宗教文化方面，如中国有“八卦”“五行”“阴阳”之说，而国外有“God”（上帝）。

译者在翻译过程中一般会采用音译、释义或意译的方法来解决词汇空缺现象，如“阴”“阳”分别用“yin”“yang”来音译。有一些英语词汇必须注释才能让读者了解其中的意义，如 togetherness（不分彼此的集体感）。

二、词义冲突

词义冲突，是指源语词语所蕴含的含义与译语中所要表达的信息是相对立的，即词义有两个意思，表面上意义是相同的，但是它们所承载的文化意义却截然不同，如“individualism”，它用汉语来解释就是“个人主义”。在美国移民前期，身带斧头和长矛、勇于和前方的困难作斗争的开拓者便是个人主义的典型形象，而这种大无畏的精神也作为整个国家的文化之魂被继承发扬下来。所以，外国的人们都非常关注自我个性的发展，一般都认为这是个人价值观的积极表现，被看作“努力奋斗”的相近词语，具有很鲜明的勉励色彩。然而，“个人主义”在中国汉文化中却具有贬义色彩，指个人利益高于集体利益、无视他人利益只顾自己利益的错误认知。与此相似的词语还有 propaganda（宣传）。

三、语义联想

每个民族的思考方式都会有相通之处：借物寓意、触景生情和语义联想。然而，由于英汉民族的思维方式和文化背景不同，同一形象所承载的语义就不尽相同。在翻译中，这也是另一个需要克服的大困难。

语义联想主要表现为英汉习语和思维的差异。习语是长期处于某种社会文化中的人们在常规意义上以简明而富有洞察力的形式出现且定型的短语或句子，是民族语言的本质，常常与国家历史、风俗习惯、地理环境、日常生活或精神状态密切相关。习语的整体意义不是其构成词意义的简单相加，而是一种引申意义、隐喻意义和联想意义。

汉语和英语中有很多蕴含着强烈文化色彩的词。比如，在中国的传统文化中，“鹤”寓意长命百岁，而长辈通常会给孩子们取以“鹤”开头的名字，寄托着长辈对后辈长寿的美好祝愿；而在西方文化中，“鹤”则不能引起人们的情绪波动。在每一个中国人的心中，“龙”是神圣的象征，是我们的祖先。在中国文化中与“龙”有关的一切都是积极向上的，没有一点贬义，就像“龙凤呈祥”“龙腾虎跃”等；而在西方的文化中，“龙”是凶残和危险的象征。在中国汉语言文化中，“狗”是一种极其不受欢迎的动物，含狗的词语大多具有不好的意思，如“狗急跳墙”“狼心狗肺”“走狗”等；但是，“狗”在说英语的国家是一种非常受大众喜爱的宠物，是人们的好朋友，甚至被看作家里的一分子，他们都不能理解“狗”在中国为什么不受欢迎，也不能理解为什么“走狗”在汉语中是个贬义词。依照他们的想法，“dogs”已经很可爱了，更不要说是“running dogs”了。在英语中，很多谚语或习语都可以体现人们对“狗”的称赞和喜爱，如“a lucky dog”（幸运儿）。

英语中的“peasant”一词在概念意义上对应汉语中的“农民”，但在内涵意义上截然不同。在英语中，“peasant”的内涵意义是“社会地位低下、教育水平差的人”或“乡下人，没教养的人”。在汉语中，“农民”则没有这些贬义，是按其基本含义使用的。

同样，英语和汉语中颜色词的联想意义也非常不同。红色在汉语中是喜色，是幸福和快乐的象征，是最具有褒义性的一个词语，如“红包”“红火”“开门红”等；但在英语中，红色大都与暴力、流血和战争有关，是用来表达危险、愤怒、禁止的，如 red flag（禁止）、a red battle（血战）、red ruin（火灾）等。这样的反差在白色上也有体现。白色在中国文化里一直是丧礼的颜色，死者家人在丧礼上必须佩戴与白色有关的东西表示哀悼。由此可见，白色代表着悲伤、离别、庄严。白色在西方是纯洁和快乐的象征，如 white day（吉日）。在西方的婚礼上，新娘会穿上白色的婚纱，这代表着纯洁的爱情，给人以神圣之感。

四、语用含义的差异

语用含义指词语所具有的民族文化内涵。词语所蕴含的含义与其所处的文化背景有关。在特定的文化语境中，词语表层的指称意义与深层的言内意义可能有所不同，或同一事物在不同文化环境下产生的语义联想不同。因此，这些词的翻译包括交流和移植外来文化，实现语用意义的对等转换。翻译这些词时，译者必须采用释义或加注等方法，使译语读者了解原语的文化背景知识，并理解句子的含义。

例如，“willow”在汉文化中常常被用来抒发送别、不舍、思念之情，或是喻指春天的悄然到来和春光明媚，所以才会有千古诗句“昔我往矣，杨柳依依。今我来思，雨雪霏霏”和“春风杨柳万千条”的流传；而在西方文化中，古时候人们追悼逝者的习俗就有戴柳叶花圈，所以“to wear the willow”有“失去心爱的人，思念亲人”的意思。

例 1：You are quite wrong in supposing that I have any call…to wear the willow…Miss Windsor…never has been to me more than a bubble.

译文：如果你以为我必须为失去自己心爱的人而哀伤，……那你就大错特错了……温莎小姐……对我来说，从来就是无足轻重的。

第三章　外语翻译思维

第一节　逻辑思维与形象思维

一、翻译中的逻辑思维

（一）翻译与语言逻辑的关系

翻译过程始自语言，又终以语言。翻译活动不仅是一种语言活动，更是一种思维活动，翻译的过程是思维活动的过程，思维的共性是翻译的基础，人类共同的思维能力和思维规律使世界上不同民族的人群对相同的事物可取得共同的认识。人类生活在同一个物质世界，人类的语言反映着人类普遍的共性，各民族语言虽然不同，但都可以利用相同的思维规律指称事物、阐释词义、叙事述理、表情达意等。在翻译过程中，翻译客体和翻译主体之间的沟通依靠的是共同的思维内容和思维规律。这种共同的思维规律是人类思维的共性。

然而，人类思维同时也存在着明显的个性差异，这突出表现在人类语言表达形式的差异上。正是这种思维个性形成的语言形式上的差异，导致了不同民族交往的障碍。世界各民族之间的相互理解与和睦关系之所以受到阻碍，不仅仅是由于语言形式的复杂多样，更是由于思维模式的差异——就是说，是由于人们确定知识来源和进行有条理思维方法上的差异所造成的。这里所说的思维模式，即思维方式，是指思维主体获取、加工和输出思维信息的方式。由于各民族的历史、生态、民情、习俗等不同，对于同一思维对象或内容，不同民族的思维角度可能不尽一致，从而在语言上会采用不同的表达方式。

逻辑（logic）是人类所特有的，通常指的是思维规律和规则。简言之，动脑筋、想问题就是思维。逻辑思维是人类意识活动的高级形式，是客观事物和现象在人们头脑中间接的、概括的反映；它借助于语言，运用概念、判断、推理等手段来反映事物内部的本质联系及规律。人们说话、写文章，总是要说明某个问题或论述某个观点。说明问题要尽量说得清楚、准确，必须思维严密、思想明确。因而，人们常说，某人讲话不符合逻辑、某人的文章逻辑性很强等，这就说明了逻辑在语言运用中起着十分重要的作用。在翻译等语言运用中，语法、逻辑、修辞的关系密切，作用不可低估。逻辑是研究思维在语言中的表现形式，语言形式错了，就不能如实地反映说话者的思想①。

翻译是运用语言的活动，即经过对原文的文字理解以及对原文思想内容的理解，用原语思维将所理解的内容形成一个概念或意象，并用译语进行思维而形成概念或意象，最后用译语将这一概念或意象表达出来。翻译要做到准确、通顺和形象再现，就离不开逻辑性。翻译的逻辑性也就是合理性，翻译必须合理地运用逻辑思维的形式和方法，使译文达到概念明确、文理通顺、结构严谨，能够起到与原文同样的效果和作用，翻译的全过程是时刻都离不开逻辑的。

（二）英汉逻辑思维差异

文化背景和传统习惯的不同，必然会产生思维方式上的不同，而思维方式的差异，又总是体现在语言表达上。语言是文化的形式和表层结构，而文化是语言的内容和深层结构。两种语言文化的差异，归根结底是逻辑思维的差异。

在思维方式上，西方人理性思维发达，具有严密的逻辑性和科学性；与此相反，中国人直觉思维发达，具有较强的情感性和直观性。正如贾玉新教授所说，西方人见长于分析和逻辑推理，因此思维呈线性；而东方人长于整体式，他们富于想象和依靠直觉，因此可以讲是一种圆式思维模式。由此可见，东西方思维方式和角度一直迥然不同。而语言是思维的直接现实，亦即思维的物质外壳。因此，东西方语言必然存在着显著的差异。

奈达在《译意》（*Translating Meaning*）中指出，就汉语和英语而言，也许在语言学上有一个重要的区别，就是形合和意合的对比。英语的句子结构重形合（hypotaxis），汉语的句子结构多采用意合法（parataxis）。因此，英语句子成分主要是由连接词贯穿表达逻辑关系，不按时间或逻辑顺序排列，在句子结构上就可以前后联系、结构严谨、词义明确。汉语句子成分则较少使用连接词衔接，句子结构依照时间和逻辑顺序排列，词序较固定，并且语法上的主语和逻辑主语一致。因而，汉语主要是靠语序表示逻辑关系，结构较松弛，词序清顺而简练。

① 金澜．学生译者翻译逻辑思维能力对翻译质量的影响研究 [D]. 长沙：湖南大学，2015.

既然两种语言的差异来自不同民族的思维方式和角度，那么解决翻译问题、衡量译文质量，也就必须以目的语的语言逻辑为准绳，必须从逻辑上判断译文是否正确。英汉逻辑思维差异所导致的两种语言的不同之处主要表现为以下几个方面。

1. 同一概念的表达不同

英汉两种语言表达习惯和逻辑思维的差异常常导致英语和汉语从不同的侧面表达同一个概念，举例如下。

Keep dry!（谨防潮湿！或：请勿潮湿！）

Hunger march.（反饥饿游行。）

Wet paint!（油漆未干！）

Make yourself at home.（请不要客气。）

Did I get your address right?（我没有弄错你的地址吧？）

2. 表达重点的顺序不同

英国人喜欢开门见山，先说明重点，表明态度和观点，然后再叙述事物的原因。而中国人总是喜欢先摆明事情的来龙去脉，再表明自己的态度和观点。举例如下。

例 1：I am glad to meet you.

译文：见到你很高兴。

例 2：I am much delighted to hear you have passed the examination.

译文：听说你已通过考试，我非常高兴。

例 3：I am very sorry that I have not written to you for such a long time,since I wrote to you last.

译文：自从上次寄去一函，久未通信问候，十分抱歉。

例 4 ：Many thanks for the dinner yesterday,which my wife and I enjoyed very much.

译文：我和我妻子对昨天的晚宴感到极其愉快，深表谢意。

3. 反映现实要素的顺序不同

英汉两个民族思维习惯不同，反映现实要素的顺序也不同。

英语的顺序是：某一主体→主体行为→行为客体→行为标志。

汉语的顺序是：某一主体→主体行为标志→主体行为→行为客体。

这样，在语序方面，英汉语间就有很大的差别，具体体现在状语的位置常常不同。

英语的语序是：主语→谓语→宾语→状语。

汉语的语序是：主语→状语→谓语→宾语。

思维习惯不同，反映在句子成分的安排上就有差异。英语句中主语和谓语、谓语和宾语都要尽量靠近，状语往往被置于句首或句尾。而汉语句子往往在主语和谓语之间插入大量的状语修饰语，最后谓语和宾语才出现。

4. 表达新旧信息的顺序不同

根据新旧信息的逻辑顺序来分析，可以看出英国人总是习惯把新知信息先表达出来，把已知信息放在句尾；中国人往往先表达已知信息，最后才点明新知信息，遵循“先旧后新，先轻后重”的原则。举例如下。

例 1：What would you like to have for supper?

译文：晚饭你喜欢吃点什么？

例 2：May I propose a toast to the health of Mr. President and his wife,to the development and trade,to the friendship between our two people!

译文：请允许我提议，为总统先生和夫人的健康，为我们经济贸易的发展，为我们两国人民的友谊干杯！

第一句中，英语输出信息以先“点睛”为快，再逐步发展细节。而汉语先表达的是“藤”不是“瓜”，需“顺藤摸瓜”。但无论英国人还是中国人，最初进入脑海里的都应当是“干杯”（toast）。从思维模式来看，英国人是先想到的先说，中国人是先想到的后说。在第二句中，新知信息分别置于句首和句尾。

（三）逻辑分析和正确翻译

从逻辑学的角度看，英汉翻译就是根据英语的语言材料，运用汉语进行第二次思维的活动过程。翻译时，正确运用逻辑思维形式和方法，对于深刻理解原文、确切表达原文的思想内容、再现原作的修辞效果起着积极的作用。然而，这样的情况常有发生：原文本没有什么逻辑错误，而翻译成汉语后就会发现不合逻辑的现象。其中最主要的原因是没有吃透原文的内容，翻译时忽视了逻辑分析。

例 1：The patient had a terrible headache.

译文：病人头痛得很厉害。

我们不能用汉语的“病人有厉害的头痛”这样的句子来表述。在逻辑思维上，这句英语是让人处于主述位，而汉语则需要明确“头”为主述位。

1. 符合客观事实

事实是指客观存在的事物。说话、写文章必须反映客观事实，才能言之有理、合乎逻辑，否则必然文理欠通、令人费解。翻译的宗旨就是再现原作内容，如果原文反映的是客观事物，译文必须符合这个事实，避免逻辑不通。

2. 概念表达清楚

概念的表达和词与词的结合有着密切的联系，孤立的一个词无所谓逻辑不通、概念模糊。但词和词一旦结合，构成短语、句子、段落等，就会产生逻辑通和不通的问题。原文的思想内容，即概念，是原文词语结合起来表示的，这种结合就是概念的语言表现形式。翻译就是把原文词语表达的概念用译文的语言形式准确地再现出来。同一个概念，有时可以用不同的语言形式表达；反过来，同一个语言形式，在不同的上下文中也可以表达不同的概念。翻译时，要确切、透彻地理解原文语言形式所表达的概念，然后用合适的词语形式表达这一概念。

概念是翻译中始终要牢牢把握的要素。翻译时不能随意改变原文所表达的概念，即不能偷换概念，不能无根据地扩大或缩小概念的外延或内涵。

3. 保持逻辑一致

人们在思维过程中应该首尾一致，不能前后矛盾。翻译时，译文中不能出现前后抵触、前言不搭后语的情况。如果对词语所表达的概念理解不透或粗心大意，就会出现违反事实、不合情理、前后矛盾、上下脱节、含混不清等情况。

4. 注意前后呼应

一个句子，甚至一个段落或篇章，有时孤立地看，翻译得似乎很不错，语法正确、语义清楚。但一经上下文推敲，就发现有问题。因此，翻译时除了正确地选用词语和考虑句子本身所含的意义外，还要注意上下文的衔接与前后呼应，从整体上进行分析、综合，弄清句子意义的本质。理解是前提，在正确理解的基础上，才能恰当而又准确地表达译文以及遣词造句。

5. 逻辑层次分明

层次分明，指的是人们在思维过程中，应当以客观事物的相互关系为依据，处理好层次关系。英、汉语的叙述层次各有自己的特色，理解英语时，要注意其表义的层次，弄清楚各层次间的关系，翻译时要遵循汉语的表达习惯。

一般来说，英语倾向于简练和含蓄的陈述，往往进行跳跃式的推理；汉语则相对地倾向于直截了当的陈述，往往按部就班地推理。理解英语原文时，就必须注意语言逻辑层次的省略或逻辑缺层和逻辑并层。

（四）翻译中常用的逻辑思维形式

逻辑和思维、逻辑和语言有着密切的关系。逻辑是研究思维活动的，思维是语言的内容，语言是思维的物质外壳。人们认识客观事物以及用语言来反映客观事物时，都必须使自己的认识合乎规律。不合逻辑的话语或文章，必定使人难以理解。

就翻译活动而言，语言和思维的关系是一种表里关系，可以说，翻译是交际活动的工具，人们使用的是一种外部言语，而翻译思维活动的工具则是一种内部言语。语言是人们进行翻译的外部实践活动，思维是人们进行翻译的内部认识活动。思维的基本形式就是概念、判断和推理。

翻译也是一种语言活动。翻译时自觉地运用理解思维的基本形式，对于正确表达原文的思想内容、再现原文的修辞效果、提高译文质量等，有着十分重要的意义。翻译活动中常用以下几种思维的基本形式。

1. 依托语言环境，作出合理判断

正确的思维理解是建立在正确判断的基础上的。判断是对事物的情况有所肯定或否定的思维形式，判断稍有不慎就会出现错误，就不能准确地传达原文的内容。

英语中有大量的多义词语，翻译时有时难以确定它们的确切含义。此时必须根据原文的上下文或语言环境，作一番由表及里的思考，运用理解思维的基本形式之判断的方法，把词语的概念判明。

例 1：As prices dropped lower and lower,things looked black for Henry's company.

译文：由于价格不断下跌，亨利的工厂面临倒闭。

例 2：A business must stay in the black to keep on.

译文：一个企业必须盈利才能维持下去。

2. 根据已知前提，进行逻辑推理

翻译时除了思维正确外，还必须推理精确。逻辑中的推理是根据已有的判断即前提，推出一个新的判断。我们必须运用这一思维形式，对一些直译后会造成概念不清、逻辑不通的词语和句子，根据上下文或其他客观事实进行推理，把原文含义合情合理地表达出来。

比如：People do not know the value of health till they lose it.

此句的含义是“人不到失去健康，不知道健康的宝贵”，而不是“人直到他们失去健康也不知道健康的可贵”。

3. 运用衔接手段，保证语气贯通

贯通就是在判断和推理的基础上，全面领会原文上下文含义以及前后的逻辑关系，然后选用恰当的翻译技巧，使译文在整体上衔接自然、融会贯通。无论说话还是写文章，句和句、段和段之间都有衔接自然与不自然的问题。注重上下衔接、逻辑严密、语气贯通，就能更好地发挥语言的交际作用。英语和汉语一样，上下文之间的衔接，有的靠形联，有的靠意联；有时借助词汇手段，有时靠严密的逻辑顺序。翻译时应根据译文语言的习惯，按照不同的需要，选用合适的语言手段，把原文表达的思想内容上下紧密地衔接起来。

4. 恰当运用引申，译文符合逻辑

引申就是为了避免译文中出现逻辑错误，运用逻辑思维手段，将原文所理解的内容用译文语言加以引申。

例 1：Put out the light,and then put out her light.

译文：熄灭室内的灯光，而且熄灭她的生命之光。

译文中的两个光亮分别为本义和引申义。

综上所述，翻译过程是进行思维的过程，也是运用语言的过程，翻译中的思维活动和语言活动是不可分割的。逻辑作为研究思维的规律、形式和方法的科学，对翻译活动具有十分重要的作用，它为理解原文内容进行指导，为表达原文内容进行推敲和检验。因而，逻辑应该运用于翻译的全过程。

从逻辑学方面而言，翻译中主要采用形式逻辑中的概念、判断这两种基本形式和分析、综合这两种基本方法。翻译和写文章一样，要做到概念明确、判断得当、推理符合逻辑、语义衔接贯通、表达合情合理。在这些思维形式中，概念既是认识的总结，又是思维的基本单位；推理依据判断，而判断又依据概念。没有正确的概念就不能作出正确的判断和推理。此外，语义贯通和合理引申也都是依据概念、判断和推理而进行的。由此可见，在翻译过程中，正确运用逻辑有着十分重要的意义。

二、翻译中的形象思维

（一）形象思维研究

翻译活动是抽象思维、形象思维等多种思维方式综合运用的过程。这一定论对我们的翻译研究产生了巨大的影响。回顾思维学中形象思维的研究，分析它与翻译学的交叉关系，有助于形成对翻译思维中形象思维的新认识。

1. 思维学中的形象思维

形象思维具有悠久的历史，然而，形象思维研究作为一门科学还很年轻。在过去相当长的一个历史时期内，国内外学术界许多人对形象思维的存在或普遍存在持否定态度。一种观点认为，思维必须与概念紧密联系，离开了语言和概念就不能思维，就不能进行科学的认识。另一种观点把形象思维局限于美学艺术领域，仅存于文学翻译中，认为科学家使用抽象思维，艺术家使用形象思维，他们各有一套独特的思维方式。

但是，20 世纪 80 年代后，中国的一些教育专家、学者在该领域进行了卓有成效的研究工作。比如，在《中国思维科学丛书：形象思维学》一书中，杨春鼎教授提出了形象思维理论体系的框架，划分了形象思维的五个环节和四个过程。李欣复教授在《形象思维史稿》中指出了形象思维的起源以及思维史的研究方法等，还有同时期的王南、刘欣大、朱丰顺等前辈的研究，可谓建树颇丰。王光明教授曾将 2000 年之前形象思维的研究成果归纳总结为以下几个方面：①对形象思维概念的定义基本趋于一致；②对发展形象思维的定义的认识视角较为开阔；③初步对形象思维过程进行了心理分析；④初步探讨了形象思维与抽象思维、直觉思维、直观思维的关系；⑤零星地开展了一些形象思维的试验，等等。

而且，通过对形象思维进行检索研究，发现多数思维学研究者对形象思维的认识亦大致相同。笔者也采用这一描述，即形象思维作为思维，也是一种理性认识，主要借助于各种形象（物象、景象、图像表象、心象、意象、想象等）手段进行思考，能与抽象思维珠联璧合，认识事物的本质。甚至可以通过“形象”去把握那些难以用“概念”“言辞”描述表达的“象外之象”及“景外之景”。因此，形象思维不但具备与抽象思维同样的本质与作用，而且在特有的创造性、整体性等方面优于抽象思维。

2. 翻译学中的形象思维

大家都知道，国内翻译学领域对形象思维进行系统讨论研究的文章并不多。可喜的是，龚光明教授在《翻译思维学》一书中明确提出了“形象思维翻译论”的主张，并运用中西比较诗学和思维学从言（象）意论、变相论、形神论及创造论等四个角度论述了形象思维与翻译的关系，开创了翻译形象思维研究的新里程。

他指出，翻译是一种创造性的思维活动，形象思维的创造包括科学形象和艺术形象的创造。因此，作为翻译思维主要形式之一的形象思维，在科技文体和艺术文体的翻译中都会唱主角。综合思维学形象思维环节、过程的研究成果，翻译中形象思维的一般规律：作者表现形象思维内容时，把其头脑中的静态形象转化为语言符号，即以语言形象外化意象。译者在理解原文时，借助语言所表达的形象来把握作者的意象；同时，在表达时通过生动的形象语联系原语民族中事物的相似与相同点，或用不同点表示不同点，再次把他们所感知的客观事物的形象呈现出来。简言之，形象思维在翻译中的运作也体现在翻译的两个阶段：理解和表达。

（二）翻译思维中的形象思维模式

1.“言—象—意”阶段

该阶段是翻译的理解阶段，包含了形象思维过程中形象的感受、存储及判断三个阶段，即通过语“言”符号来把握原文之“象”，进而逆测作者之“意”。由“言”生“象”就是在进行原文语法、语义和语篇结构分析的基础上得出“所指”和“联想”意义的过程，为进入下一阶段——观“象”得“意”而作准备。具体来讲，是译者把从原语“言”感受到的形“象”存储于脑海，积累形象思维的素材，然后对存储于头脑中的素材进行比较、辨识，分清主次，整理归类的过程。

2. 创造阶段

这个阶段是翻译过程的核心阶段，它既是翻译形象思维由“言—象—意”到“意—象—言”的转换阶段，也是译者进行形象创造的阶段。也就是说，译者通过想象、联想、组合、模拟等方法去除次要的、不表达原语作者思维意图的形象，从而把握原语作者的本“意”。

3.“意—象—言”阶段

奈达的重构指译者根据译文读者的需要，对传递（传译）而来的语义信息重新组织，并以恰当的译语形式将其固定下来，最后实现译语深层结构向表层结构的转换。而翻译思维中形象思维的“意—象—言”却是理解（“言—象—意”）的逆过程。换言之，是译者根据译文读者的需要和译语规则，对“言—象—意”过程传递而来的“意”进行重新组织，透视创造后的艺术形“象”，并最终借助形象化的目的语“言”来表达。

第二节　翻译思维的基本特征

一、翻译思维的特征

翻译思维具有很强的双重性、综合性，表现为它既是重理性的逻辑思维，又是重感性的形象思维。

（一）以分析与综合为特征的逻辑思维

我们必须了解人类最一般的逻辑思维的过程。思维是人类对客观事物间接的、概括的反映；它产生于人类的感知，又高于感知。人们利用感觉器官获得、选择、积累信息，供给大脑作逻辑思维的素材。这时，感知已被升华为思维。逻辑思维利用感知素材的主要手段是概念或概念体系（如语法），它的主要工具则是语言。思维必须赋形于语言的物质外壳，才有可能成为被人们所接受的直接现实，可见概念的物质形式就是词语语义系统。我们所说的"词语语义系统"，也就是内部言语经过人脑的言语生成机制，运用语法和惯用法规律加以"编码"（encoding），成为语言群体所共用的语言符号系统，通过语音器官发之于外，就是人们所能接收（通过视觉、听觉或触觉感官）的媒介，即语言信息系统。

这样，我们可以将表现为语言的逻辑思维表述为如表 3-1 所示的概念 – 信息模式。

表 3-1　概念 – 信息模式

概念系统→词语语义系统 （语言深层）	→语言信息系统 （语言表层）
内部言语（语义结构系统）	外部语言（语法结构形式）

值得注意的是，翻译思维不是一般的逻辑思维。翻译思维的特点：翻译者所接收到的"直接现实"是 SL（原作语言）的语言信息系统，是 SL 的语言表层，而不是表层覆盖下的 SL 深层的概念。翻译者的任务，是以 SL 的表层信息系统为依据，进入概念系统，即 SL 的深层结构，而他之所以能做到这一点，唯一依靠的是自己头脑的判断与推理，解决词语语义系统和句法结构系统中的各层次（语

法的、逻辑的、审美的）的关系，即所谓语言解构（linguistic deconstruction）[①]。

现在，我们试将翻译思维的活动过程表述为如表 3-2 所示的“信息 – 概念”模式，即翻译的理解过程。

表 3-2　翻译理解的基本程式

SL 语言信息系统	→词语概念系统→ SL 文本语义系统
（表层）	（深层）

可见，翻译任务能否圆满完成，第一步取决于翻译者在上述思维活动过程中能否圆满地解构词语语义系统和句法结构系统中的各项关系，构建起正确的语义结构，为原语概念系统向译语概念系统的转换创造基本的、首要的条件，使原语信息系统向译语信息系统的转换（即从解码到换码）成为可能。

（二）以语言审美与表现为特征的形象思维

翻译离不开语言审美，而语言审美凭借的是感性的体验，而不是理性的逻辑思辨，后者的“用武之地”只在对语言的解构上，即上面提到的解决词语语义系统和句法结构系统中的各项关系，而前者关注的则是原著的审美艺术结构，具体目标和任务：①识辨原作者如何择善从优地遣词造句，包括如何以此为手段构建作品的音乐美（musicality）；②析出原作者如何构建作品的艺术特质，包括其中的意象与意境、含蕴作品（包括其中的人物）情感与情志、营造作品的“画外音”，即超文本意蕴；③把握原作整体的风格特征。

以上的三个维度就是所谓“语言审美”，意思是以美学的艺术思维逻辑（形象思维）来审视原作，这是任何一位译者都不能回避的任务。

二、换码的思维过程

有人可能要问：既然翻译思维属于逻辑思维但又不同于一般的逻辑思维，那么它又有什么特点呢？

第一，翻译思维的第一阶段，即我们通常所说的理解阶段。理解是第一步，也是关键的一步，但翻译任务并没有到此止步。翻译思维的第二阶段是用另一种语言对已经理解的概念加以表达。也就是说，当翻译者进入 SL 深层概念系统，即我们通常说的渗透理解了原文以后，还必须完成表达任务。这时，SL 的深层概念

① 郑剑委，范文君 . 翻译思维、策略与技巧 [M]. 武汉：武汉大学出版社，2018.

系统又被转换为译入语 RL 的深层概念系统，即将 SL 深层概念系统推进到 RL 的表层语言信息系统。这一推进符合一般逻辑思维的活动模式，因此，我们可以将翻译思维从解码到换码的全过程表述为如表 3-3 所示。

表 3-3　翻译中的解码 – 换码程式

SL 信息系统（行文）→ SL 概念系统	→ RL 概念系统→ RL 信息系统（行文）
第一阶段：理解	第二阶段：表达

第二，逻辑思维的特点是运用概念、判断和推理。逻辑思维中运用概念、判断、推理的核心即思维运动的基本方式是分析和综合。翻译逻辑思维的特点在于在完成了 SL 理解过程以后，思维者必须倾其全力于优化 RL 的表达，主要方式是运用概念、判断和推理并辅之以直观性、形象性（包括表现、描写、想象）为基本特征的形象思维，完成换码的全程运动。

第三，逻辑思维包括用艺术规律——也就是用美学的规律来审视 SL 语言符号系统，包括在第一阶段的 SL 理解中，也包括在第二阶段的 RL 表达中。

第三节　翻译思维的发展机制

这里的所谓机制，指思维发展运动的基本环节和作用过程，也可以看作思维过程的推动因素。逻辑思维的活动过程具体表现为分析、综合、比较以及逻辑和概括，其中重要的是分析和综合，比较、逻辑和概括都是从分析、综合过程中派生出来的。分析 – 综合是逻辑思维活动过程最重要的机制。翻译思维也不例外。

翻译思维活动过程中，解码 – 换码机制表现为以下几方面的分析与综合。

一、词语形态分析

词语形态分析往往是翻译者对其所接收的语言信息所应做的第一步分析工作。如果 SL 为屈折语，那么这种对词类形态的分析就更有必要了。译者要做的是运用自己掌握的语法概念，依据信息的类属标志，析出语义。比如，英汉翻译中遇到“She came by bus”一句时，译者可以根据形态析出：she 表示阴性第三人称，代词，作主语；came 表示一般过去时，作动词谓语；by 表示行为方式，介词，引介名词，形成介词词组，作状语。于是，译者可以在分析的基础上加以综合，析出语义系统译为“她坐公共汽车来了”。

汉语属于非屈折语，但也有少量形态助词。如“着”“了”“过”是表示时态的助词，“的”一般是表示形容词的助词，“地”是构成副词的形态助词。汉字的特点是可以“因形见义”，“她”属于阴性，“他”属于阳性，一望而知。但就整体而言，汉语词的语法形态功能比较弱。汉语主要依靠语序和虚词作为表示句法关系的语法－语义构建手段。

毫无疑义，词语形态分析是翻译思维中解码－换码过程的极重要的基础分析[①]。

二、语法层次分析

词类形态分析虽然是至关重要的，但有很大的局限性。译者常常遇到这种情况：具有相同形态的相同词类却必须析出不同的语义。比如，下列一对词组单凭词类形态分析就不能解决问题：a walking stick—a stick used as a support when walking;a walking robot—a robot that can walk。

这时，译者必须运用他所掌握的语法知识进行语法层次分析，析出词、词组、句子的深层结构。

同样，下列一对句子单凭形态分析也不能解决问题：“① John is easy to please. ② John is eager to please.”。

①句与②句的 to please 形态上并无二致，①句表示主语的客体性，②句表示主语的主体性。前者暗含受事性，后者则是明白地施事。

语法层次分析的全部任务包括以下层级。

词项层：一是分析各词项的形态、类属、性质、功能以及词项与词项间的关系（结构）；二是分析各短语的形态、类属、性质、功能以及短语与短语间的关系（结构）。

句法层（及语段层）：一是分析句子各成分间的关系（功能及结构）；二是分析句与句之间的联系（功能的逻辑扩展）。

语法层次分析的全部任务在于捋清语句各层次中的性质与联系，即句法功能与结构，以便析出句子的语法系统，构筑语义结构，而析出语法系统、构筑语义结构的过程就是综合。

---

① 董召锋．翻译思维 [M]. 北京：中国原子能出版社，2018.

一般说来，翻译思维中的分析过程至此应能基本上析出全句大意。同时，翻译思维中的分析与综合实际上是密不可分的。捋出语法层次、构筑语法结构及捋出语义系统、构筑语义结构的过程，也就是从分析到综合的过程。

三、文体审美分析：语用的择善从优

文体审美分析的基础是语域（register）。语域指词语的使用范畴，主要指正式与非正式语体的等级（levels of speech）。狭义的语域也指词语使用的职业（或行业）领域。判断词语的使用域是思维活动中不可忽视的任务，对高级阶段的翻译来说，译文的文体适应性（adaptation，指文体必须适应语境和交际目的）更是一个关系到可读性的基本标准。翻译者掌握 SL 的文体特色通常是通过比较。对素材加以比较，就能进行概括，从而获得分析的结果。常用的比较法是译者向自己提出反诘，以显现 SL 的文体色彩。比如 SL 为左边的不定式词组时，译者可向自己提出右边的反诘，如下所示：① to desist from considering 为何不说 to stop considering? ② to deem it necessary 为何不说 to think it necessary? ③ to conceal his dubiety 为何不说 to hide his doubt? ④ to partake the comestibles 为何不说 to share the food?

翻译中往往一经提出反诘对比，文体色彩即可在比较中显现，从而有利于译者定夺。

对 SL 的修辞分析也可以用比较法。易词换句，在对比中究其底蕴。换一个说法，如果韵味、风味顿失，即可显现作者的修辞立意。当然修辞格首先有一个辨析问题，如果不能识别就谈不上分析了。这里涉及对 SL 的更为广泛的素养问题。

四、词义色彩分析

词义色彩分析也是翻译思维运动中的基础分析，其中包括词义分析和色彩分析。分析 SL 词义的任务如下。

（一）分析基本词义理据（motivation）

包括语音分析、构词分析及词源分析，目的在于准确地析出基本词义。实际上这部分分析工作已大体由辞典完成了。除了少数例外（比如遇到疑难词），翻译中并不需要作这种全程的基本词义理据分析。

（二）分析多义词在特定语境中的含义

这一分析工作则是大量的。翻译中判断一词多义的主要手段是抓住词的关系系统，具体包括：①词的联立关系（the frame of words），即从词的组合、搭配中判断词义（如从“the art of government”中判断出“government”的词义不是“政府”，而是治理、管理，“治国之道”）；②词在 larger context 中的呼应关系（如下句中的 field 指“battle-field”，是由 larger context 决定的：“We are met on a great battle-field of that war. We have come to dedicate a portion of that field as a final resting place for those who here gave their lives…”）。常见的情况是，疑难词所指的具体内容究竟是什么，如果脱离了上下文的呼应，则根本无法定夺。例如下句中 parallel（相应的、平行的）、evidence（证据）、similar（类似的）、issue（问题）等四个词所指的具体内容在本句中就无法找到：“There has been no parallel evidence of similar rise in voter information about issues or about the operation of government.”（何谓“相应”？什么“证据”？与什么“类似”？哪些“问题”？）词义辨析中判断这种“后呼应”（anaphoric reference）和“前呼应”（cataphoric reference）的意义分析工作是至关重要的。

对 SL 词义色彩分析的任务主要在于判断特定语境中的含蓄义或内涵义（connotations）。含蓄义通常产生于词的关系系统中，它们与词的基本含义相关联，但带有更多的色彩，如褒贬语气及种种感情因素。比如在 A thief is a thief（贼性难改）中第一个 thief 是 plain word，第二个 thief 包含的色彩有鄙视、轻蔑、无可奈何等 connotation。

毫无疑义，分析、判断词义色彩，对翻译思维第二阶段中的审美表达具有决定性的意义。

五、文化历史分析

翻译中经常被忽视的是对 SL 的文化历史分析，这种疏忽常常是由于语言表层直观信息对分析综合产生干扰，使译者中断了对深层内涵色彩的探究。忽视文化历史差异会导致分析判断上的失误。比如，汉语中的“自由主义”与英语中的“liberalism”差别很大。前者指目无组织纪律约束或行为的任意性，一般是贬义词；后者指一种颇为开明的政治、哲学态度，反对对人施加政治的、精神的外在束缚或限制。汉语成语“春雨贵如油”只有放在特定的中国文化历史背景下才能被理解，这对于春季多暴雨的国家来说是十分费解的。要了解语言的内涵色彩，不作文化历史分析，断难究其底蕴。

语际转换中的文化历史分析不应忽略以下任何一个方面的问题，并应注意这些问题对语义调节所起的作用：第一，民族文化传统、发展沿革与历史背景。这常常是词语语义最大的也是最广泛的参照系，它涉及词义的演变过程，特别是在每一个特定的历史时期所包含的特定词义与色彩。词汇通常既是民族文化丰厚的历史沉积，又是民族文化的新生代。第二，民族心理与意识过程。同一民族由于处在相同的文化、历史参照系中而形成相同的“集团性心理趋势”，表现出大体相同的精神气质、心理素质、价值观、伦理道德观、审美情趣等，这一切必然要反映在文化上又表现在语言中。第三，民族的地域性特征以及自然条件的影响。在第一点和第二点的共同作用下形成独特的风俗、习惯、信仰、观念形态等，这一切也必然要反映在文化上并表现在语言中。第四，以上三种因素作用于思维方式、思维特征和思维风格。比如汉族在思维上重意会、重具象，在表达上重动静结合、虚实结合。这就必然会反映在汉语的语言结构形式及总体风貌上。

至此，我们已对翻译思维过程的运作机制进行了剖析，从中阐明了分析－综合对翻译思维的关键作用。以上五个领域的分析，是一个互相渗透、相辅相成的整体；而且，分析与综合总是互相联系着。分析与综合（概括）在翻译思维中的统一的运作形式，正是对 SL 理解深化的过程。此外，比较在翻译思维活动中也具有重要意义，无论是 intralingual comparison（在同一语言中对某一语言现象的各种形式的比较），抑或是 bilingual comparison（双语比较），对分析综合过程的发展都具有不可忽视的积极意义。

第四章　英语翻译的策略艺术与技巧

第一节　英语翻译的策略

翻译策略的研究属于中观研究，目的是架设宏观理论通向翻译实践的桥梁。自成体系的翻译理论都有相应的翻译策略。另外，局部的、分散的翻译经验通过整合、归纳、提炼也可产生更具普遍意义的经验模块、翻译模式或实践型的翻译策略。

翻译策略是翻译研究链条上的中间环节。翻译研究是宏观－中观－微观相统一的系统性研究，既要建立核心理论，又要有中观策略的过渡，还要以微观技巧为依托。

一、翻译策略的特征

在翻译理论的宏观－中观－微观的系统研究中，翻译策略研究居中，既受宏观翻译理论的指导，又受微观技巧的检验，具有上通下达的衔接性。翻译策略处于翻译理论系统的中间层面，是更接近于翻译实践的层面，与宏观理论相比更具实践性。翻译策略随宏观翻译理论的发展和微观技巧的积累而发展，具有开放性。翻译策略可由宏观理论推导而出，也可由微观技巧进行综合、归纳，加以范畴化、概念化。经过范畴化和概念化之后的翻译策略是可复制的、可传授的，成为翻译专业教学的重要内容和手段。

（一）衔接性

宏观理论通过对翻译本质的认识和价值判断来把握翻译，对具体的翻译操作的作用往往通过策略层面传递下去。宏观翻译理论可通过翻译策略来驾驭翻译操作。现有的应用翻译理论与实践研究有两大缺陷：要么用理论来注解实践经验，形成理论与实践的两张皮；要么遵循“实践—现象—问题—性质—特点—归纳—概括”式研究路向，基于对有限翻译实践作经验总结，提出对策性原则，形成概念或命题化表征。前者把理论问题简单化，把实践问题玄虚化；后者的不足之处在于抽象孤立的概念或命题难以对具体复杂的应用翻译实践给予有理据的阐释，尤其是对翻译教学缺乏可描写和可证性的方法论指导。应用翻译学研究是宏观－中观－微观相统一的系统性研究，既要建立核心理论又要有中观策略的过渡，还要以微观技巧为依托。中观的策略是宏观理论与微观技巧与实践的桥梁——属技术理论范围，它在译者主体的主观认识和实践客体的翻译操作之间形成认识结构和方法论结构，从而使理论与实践联系起来。

（二）实践性

翻译研究的宏观－中观－微观层次分明，领域各异，互有联系。宏观理论在认识层面，着重对翻译本质的描述、解释和认知；中观研究在技术层面，着重对翻译技术进行设计和规划；微观研究在操作层面，着重对翻译操作的提示和示范。经常有人抱怨翻译理论不能联系实际，准确地说，应该是宏观翻译理论不直接联系实践，因为宏观理论的主要功能是认识功能、解释功能、批判功能、预测功能和方法论功能，它对翻译实践的指导往往通过中观策略和微观技巧来实现。尽管宏观理论可来自实践，但它又高于实践。宏观“理论与实践的桥接，找到中介物——技术理论范畴，即对实践主体的主观认识和实践客体的区间规律性形成认识结构、实践结构和方法论结构的统一”。

翻译策略一方面由宏观理论自上而下地推衍出来，另一方面又从翻译实践中不断滋生。进入全球化、信息化时代后，翻译实务面广量大，新经验日新月异，从大量翻译实践中不断萃取实践型策略，如解释性翻译，“看易写”，深度翻译，陌生化，译前处理，“零翻译”，“双向理解”，“壮词淡化”，“突出主题信息”，“模仿、借用、创新”模式等。从实践中产生的中观理论，与实践的关系与生俱来。

（三）开放性

翻译策略随着翻译研究的发展而不断丰富。近半个世纪以来，翻译研究学派纷呈，新理重出。每一个学派都有不同于别的学派的翻译策略。翻译学派的特征不仅在宏观理论上，而且也在翻译策略上显现出来。自成体系的翻译理论总有与其匹配的翻译策略，两者相辅相成。译者在翻译过程中对传达原作内容和形式的总的设想、途径，都与宏观理论及其学派有关。一定的宏观理论有一定的中观策略，一定的策略常以一定的理论为依据。诺德（Nord）为实现目的原则而提出“纪实翻译”（documentary translation）和“工具翻译”（instrumental translation），“纪实翻译”和“工具翻译”自然成为目的论的组成部分。纽马克（Newmark）的“语义翻译”（semantic translation）和“交际翻译”（communication translation）是以其语言学翻译理论为依据的文化学派的“改写”“归化”和“异化”，有意识形态、政治和历史背景的考量。苏联文艺学派对文艺作品的翻译方法就有自由主义、现实主义和形式主义之分。胡庚申生态翻译学的“三维转换”凸显生态平衡的原则。翻译理论在不断发展，宏观原理卵翼下的翻译策略也在不断生长。

（四）可复制性

切斯特曼认为，翻译策略可以看作被译者广泛使用的并且被公认为概念性工具的标准，受训的译员学习这些标准，并将其代代相传成为一个模因池。而这个模因池不是一成不变的，它是开放的，处在不断的发展、调整和变化之中。模因的概念最早是由生物学家道金斯提出的。根据道金斯的观点，模因是一个文化信息单位，那些不断得到复制和传播的语言、文化习俗、观念或社会行为等都属于模因。模因可以看作复制因子，也可以看作文化进化单位。人们的观念可以经由与生物进化相类似的方式进化。有些观念比另外一些观念更具生存力；观念可以因人们的传播得到流传，并可能在流传过程中发生变异。两种观念可以通过重组或整合产生新的观念，而新的观念经常包含了原先旧观念中的某些因子。

切斯特曼特别指出翻译策略可以通过习得行为被教授。也就是说，翻译策略可以通过有意识的培养而得以发展和完善，从而形成翻译策略能力。翻译实证研究学派一直坚持策略中心说，并且将翻译策略能力与认知能力结合起来。切斯特曼把翻译策略能力的培养分成四个阶段：新手阶段，即翻译策略被作为一种概念来习得，学生被教授通过对比模式来辨认分析文本中预先设定的翻译策略；高级初学者阶段，即学生们可以通过对比自己的译文列出所观察到的翻译策略，同时也可以让学生用某一特定的翻译策略来翻译某一文本中有标记特征的段落；能力阶段，即关注策略的分析，回答为什么的问题，分析译者选择某些翻译策略可能的原因、优先性和目的；成熟阶段，即翻译策略能力的培养从分析思维过渡到直觉行为。学生在某种压力之下进行翻译，他们对合适的翻译策略的把握是通过直觉行为而不是停下来做过多的关于策略的详细思考。也就是说，切斯特曼对学生翻译策略能力的培养是从 operations 到 actions 的过程。

二、翻译策略的要素

任何翻译策略都有三个要素：理论因子、目的指向和技术因子。

（一）理论因子

当代自成体系的翻译理论都包含一定的翻译策略。反过来，不同的翻译策略也各有一定的理论渊源。20 世纪 60 年代，奈达提出了动态对等的理论，他指出译文对译文接受者所起的作用，跟原文对原文接受者所起的作用大体对等。为了达到动态对等，奈达提出“四步模式”（分析、转换、重组、检验），“四步模式”来源于奈达的动态对等理论。

与纽马克的功能翻译理论配套的有语义翻译和交际翻译的策略，其策略的理论基础是文本类型学和篇章语言学。纽马克把翻译题材分为真实性和虚构性、文学性和非文学性，不同的文本采用不同的翻译策略。

勒菲弗尔的改写是文化学派的代表性策略。该策略以译入语文化的意识形态、诗学和赞助人为三大理论要素，涉及翻译、阐释、评论、编选文集等。严复的《天演论》就是达旨式的译文。对他来说，“达旨”既是翻译原则，也是翻译策略。包含增补、解释和评论的“达旨”是严复的策略。胡庚申的翻译选择适应论也有文化、交际、语言的三维转换和事前预防、事后追惩之类的策略。

所以，但凡一种以联系实践为指向的翻译理论，无不要有配套的策略作过渡。当然，空对空的纯理论因为功能不同，不以解决实际问题为目标，应另当别论。

（二）目的指向

切斯特曼的翻译策略是在翻译规范的理论背景下作描述的，翻译策略突出以目的为导向、以问题为中心。切斯特曼在“规范”与“行为”之间加进了策略的概念，而“策略”正是将规范行为与目的行为关联起来的衔接概念。在社会学的概念里，如果不止一个行为者具有相同的目的行为倾向与期待，那么目的行为就会发展成为“策略行为”。因此，社会学里谈及目的行为时也使用“目的（策略）行为”一词。切斯特曼的“规范行为”实际上就是规范约束下的“策略行为”。

目的论把“目的准则”作为最高准则。这样，译者选择翻译策略或翻译方式以达到翻译目的，本身也成了目的论中的翻译目的之一。

文化学派主张异化，其策略目标是要突出源语文化，即译文要显示出有别于目的语文化的特异之处，包括语言形式、民俗习惯、文化传统等。

译者所采用的翻译策略与其所处的社会语境有关。翻译策略“是译者处在语言、历史和社会文化关系的张力中所作出的决策。在决策的背后隐藏着翻译活动发起人（initiator）的各种不同的翻译目的。需要特别关注的是，译者的翻译目的是多重的，因而为实现不同的翻译目的所采取的策略自然也就不同”。

（三）技术因子

翻译策略中的技术因子与上层理论有关或由翻译实践经验、翻译技巧的归纳整理而得。下面笔者主要对奈达和勒菲弗尔的翻译艺术因子进行简要介绍。

奈达于 20 世纪 60 年代在《翻译科学探索》中提出“动态对等”。意思是，译文对译文接受者所起的作用，跟原文对原文接受者所起的作用大体对等。为达到动态对等，他提出了四步翻译模式：分析（analysis）—转换（transfer）—重组（restructuring）—检验（testing）。分析即从语义和语法的不同层面作文本分析，转换即把分析得到的意义从原语转移到目的语，重组即按目的语规则重新组织译文，检验即对照原文检查译文。奈达将分析阶段分为语法分析、所指意义分析与内涵意义分析、四个语义范畴（semantic category）、七个核心句（kernel sentence）和五个逆转换步骤（back-transformation）等。在分析中强调对原文要有准确的理解，如何将每一个词定性为某一种语义范畴，如何才能将表面上复杂的句子变成简单的核心句，从而为下一步“转换”作好准备。奈达对分析过程不厌其烦地一一阐明细节，都是为了充分地理解原文。而转换与重组是表达阶段的任务。为达到动态对等，就要遵循其“四步模式”。

勒菲弗尔改写的技术因子是对源语文本进行重新解释、改变或操纵。翻译过程受到译者的意识形态和目的语文化中占主导地位的诗学的制约，因而对源语文本的思想内容乃至意识形态会有所改变。在翻译的第一个层面上，译者受到拥有“话语权”的赞助人的限制，但在具体操作的第二个层面上，译者有表现权，包括选择翻译策略。勒菲弗尔坚守国际通行的母语原则，即遵照从非母语译入母语的原则，强调改写者要受到母语文化诗学规范和意识形态信仰的制约。

三、翻译策略的构成

每一种策略都有不同的要素。这些要素是如何结合起来的，这需要我们来研究不同策略的构成。归纳起来，翻译策略有三种构成方式：条件型、选择型和组合型。

（一）条件型

条件型翻译策略是指在特定的条件下形成的策略，使用时要满足该条件。

勒菲弗尔的“改写”属于条件型策略。要实现“改写”必须满足三项要求：①在改写过程中，译者以目的语文化的意识形态为圭臬。②受目的语文化占主导地位的诗学的制约。③译者按母语原则从事翻译。在我国的外宣翻译中，有人把淡化汉语浓墨重彩的描写、简化架床叠屋的程式也称为“改写”。这与勒菲弗尔的改写相去甚远。既然是我国对外宣传，译者不可能以译入语的意识形态规范之，也不见得采用对方的诗学形态，当然更不是母语翻译。所以，我国对外传播中按照我国意识形态和政治要求在翻译中做文字处理与勒菲弗尔的改写风马牛不相及。

解释性翻译由直译（有时为音译）加注释构成。一般用在双语文化或语言差别很大，译入语难于直接表达的场合。如果双语文化或语言差异不大，可以直接表达，还是不用解释性翻译，即不用文内注或文外注为好。

双向理解不但要求理解原文，而且要理解目的语词语的深层含义。“双向理解”策略的要素为文化对比。文化对比通过形式、意义和分布三者进行。三个层次并非孤立地存在，它们互有联系。其中，分布不仅指词语可能出现的环境，而且指词语在实际环境中的使用。从本族语和外语两个方面作全面的理解，而不仅仅是对一种语言的字面上的理解。

（二）选择型

选择型策略指由平行的几项分策略构成的一组策略，翻译时根据文本类型和翻译目的选择其中一组策略或主要选择其中的一项。

丁衡祁提出公示语翻译的 ABC 策略，即“照搬（Borrow）—改造（Adapt）—创译（Create）”的策略，实际上是根据不同语境和翻译要求提出三种不同的翻译方法：如果英语中有现成的、对应的表达，可以直接照搬；如果英语中有类似的表达，可以参照，加以改造；如果前两种情况都不存在，那么就按照英语的习惯和思路进行创译并充分考虑英语的表达习惯。公示语英译可从照搬、改造和创译三者中选其一。

纽马克的语义翻译和交际翻译，诺德的工具翻译和纪实翻译，豪斯的显性翻译和隐性翻译，都是选择型翻译策略，要求译者根据不同的文本类型来选择。另外，目的论从功能角度分析有同功能翻译、类功能翻译和异功能翻译之分。三者皆有相应的翻译策略，也是选择性的。目的论认为，原文和译文是两种独立的具有不同价值的文本，会有不同的目的和功能。译者应根据翻译目的和译语受众、情景，选择相应的功能和策略。

（三）组合型

组合型翻译策略通常由几个要素共同合成，各要素间有机结合，不可分开。

奈达的“四步模式”（分析—转换—重组—检验），逐一进行，不可颠倒，也不可缺漏，按照奈达规定的四个步骤的具体做法顺序而为。

应用翻译的“看译写”的策略就是“阅读（看）—转换（变易）—（用英语）写作”三步，组合起来，形成完整的策略。

四、翻译策略的分类

翻译策略有不同的分类方法，即总体策略与局部策略之分，有文化视角者为总体策略，有语言学视角者为局部策略。总（整）体策略与局部策略还可有另一种理解，即把总体策略理解为可以针对任何文本的翻译策略，如直译、意译；而局部策略只针对某一类文本的翻译策略。纽马克认为“翻译方法是与整个文本相关联的”。据此，他提出语义翻译和交际翻译两种不同的翻译策略。目的论根据文本类型提出工具翻译和纪实翻译，前者主要适用于应用文本的翻译，后者主要用于文学翻译。还可以根据翻译过程分为理解策略和表达策略等。笔者根据历史形成、理论渊源和实践指向把翻译策略分为三类：传统型翻译策略、理论型翻译策略和实践型翻译策略。传统型翻译策略贯穿中外翻译史，以直译、意译和音译为代表。理论型翻译策略产生于语言学翻译研究之后，自成体系的翻译理论常有配套的翻译策略。实践型翻译策略从大量翻译实践中总结、归纳、概括，水到渠成。

理论型翻译策略又分为语言学派策略、文化学派策略和目的论的策略。方法（策略）和理论有着天然的联系。“理论的意义在于确认研究对象的实情和找到发展规律，因此任何理论都有方法论特征和价值。而方法的意义在于告诉人们人的认识活动和实际行动是如何依据研究对象的实情而进行的，因而任何方法论都是理论功能的伸展。”理论型翻译策略，是指某一翻译理论或学派所主张的翻译策略，产生于不同学派或来源于不同的翻译理论。理论家对翻译有不同的价值取向，从不同角度关注其研究对象，衍生出不同的方法和策略。翻译理论要是离开了具体的解读和实施的方法，那可能就是无的放矢，人们很难准确地理解与把握。翻译理论与其对应的策略相辅相成，互为依靠。

以下从传统型翻译策略、语言学派的翻译策略、文化学派的翻译策略、目的论的翻译策略、实践型翻译策略五个部分来分别叙述。

（一）传统型翻译策略

传统型翻译策略主要指古已有之的直译、意译和音译。直译意译之争贯穿中外翻译史。安世高是我国最早的佛经翻译家之一，他所译经论主要传播小乘佛教的基本教义与修行方法。他的译本曾被评价："义理明晰，文字允正辩而不华、质而不野。"安世高是我国翻译史上最早的直译派的代表，他的译本有的流传到近代以后。而古罗马著名的演说家、政治家、法学家和翻译家西塞罗在他的翻译理论中"主张活译，反对直译"，认为直译是缺乏技巧的表现，应当避免逐字死译，翻译应保留的是词语最内层的东西，即意思。

现在译界普遍认为，直译和意译是两种并存的，可以按不同语境、不同要求、不同目的而采用的翻译方法。直译意译之争虽然基本平息，但作为翻译实践的两种基本的翻译方法和策略，还将继续进行探讨和研究[①]。

1. 直译

一般认为，译文形式和内容都与原文一致谓之直译；亦即以原文形式为标准，依样画葫芦的是直译，另起炉灶的是意译。

主张直译的人也不完全以逐词对译或照搬原文结构为圭臬。对直译的解释可以归纳为以下几点：①以句为单位，即原文是一句，译文一般也应译为一句。不把一个大句分成几个小句，也不把句与句之间的界限打通。因为这类句子在严肃的作家笔下是一个严密的逻辑整体。②在一般情况下，在处理词汇的翻译上，不采用转义的译法。因为转义有点像传话，一传再传就走了样。上面这两点，一点关系到语法结构，另一点则关系到词汇问题。③在上面两个基本前提之下，直译可允许改动词序，改动一个句子内部各个成分间的次序，也允许改动主句与从句（副句）的次序，同样允许改变词类。

巴尔胡达罗夫认为，逐词翻译的直译是"层次偏低的翻译"，而只有"必要的

① 及幸平．中式英语翻译策略模拟交传实践报告 [D]. 沈阳：辽宁大学，2021.

和足够层次的翻译”才能“传达不变内容并遵循译语的规范”。“层次”是指作为翻译单位的语言等级体系中词、词组、句子之类的层次。卡特福德认为直译是介于意译和逐字翻译之间的一种译法。它可能始于逐字翻译，但为恪守译文的语法规则而有所变化（如补充额外的词语、变换任何一级的结构等），并过渡到以意群或句子成分为单位进行翻译。

直译的优点是在吸收外来有益的新因素、反映异国客观存在的事物和情调上，比意译更能避免主观因素的干扰。当在表达形式上无须另辟蹊径即可达到忠实于原文内容的时候，译者自然采用直译。

2. 意译

译文内容一致而形式不同谓之意译，即以原文形式为标准，在译文表达形式上另辟蹊径。在翻译史上，对于意译各说纷纭。傅雷认为，在最大限度内我们是要保持原文的句法的，但无论如何要叫人觉得尽管句法新奇而仍不失为中文。他的这一主张实际上与鲁迅、周作人、茅盾主张直译并无原则区别。艾思奇则认为，人们常常曲解了意译，以为为了要“达”，就可以随着译者的意思任意地增删文句，不必顾虑到原著。钱歌川认为，采用原文大意甚至有时改变原意，依译者自己的意思写出，结果多是不大忠于原文。

巴尔胡达罗夫把意译看成“层次偏高的翻译”。偏高是指比传达不变内容并遵循译语的规范所足够的层次为高。这里的“层次”是指作为翻译单位的语言等级体系中词、词组、句子之类的层次。卡特福德认为，意译是等值关系，是在各“级”之间自由变换的，甚至可以超过这一“级”。

意译是基本译法之一。当译者经过曲径探幽，发现需要改变形式才能忠实地再现原文内容时，就采用意译。

3. 音译

亦称“转写”，即用一种文字符号（如拉丁字母）来表示另一种系统的文字符号（如汉字）的过程或结果。当源语和目的语之间差异很大、存在语义空白的情况时，翻译不可能直接从形式或语义入手，此时，音译是主要的翻译手段。音译对象主要是人名、地名和新产生的术语。由于音译常受译者方言的影响或选择汉字不同，因而译音词常不统一。为了译音规范化，我国编制了多种语言的汉字译音表。例如，中国地名委员会编的《外国地名译名手册》就附有英、法、德、西、俄、阿拉伯等语言与汉语对照的译音表。按这些表的规定，如英文 Lansing 译为

“兰辛”, Travis 译为“特拉维斯”；俄文 Молдавия 译为“摩尔达维亚”, Ставский 译为“斯塔夫斯基”。当然，这些译音表只是试着为以后的译音选取汉字提供规范，至于以前已经约定俗成的译名则不宜更改了，如 radar 译为“雷达”，ballet 译为“芭蕾”，Москва 译为“莫斯科”等。此外，音译还要遵守名从主人的原则。

（二）语言学派的翻译策略

语言学派最早提出翻译策略，语言学派的策略随着语言学的发展和语言学翻译研究的深入而发展。语言学把译学从经验研究带入人文科学研究的殿堂。近半个多世纪以来，语言学迅猛发展，推动着翻译研究的进步。语法学、对比语言学、语义学、文体学、系统功能语言学、社会语言学、语用学、话语分析、篇章语言学、语料库语言学、批评语言学等的相继创立和发展，为翻译研究不断注入新的血液，使翻译研究与时俱进，新的翻译策略随之产生。以下着重介绍语言学派的翻译策略中纽马克的交际翻译和语义翻译，以及语用翻译法。

1. 交际翻译

交际翻译是纽马克在 *Approaches to Translation* 一书中提出的两种翻译模式之一。在交际翻译模式下，译者努力使译文对译语读者产生的效果与原文对源语读者产生的效果一致。交际翻译是主要以译语读者为导向的翻译途径。循此途径的译者不会把原文仅仅看作语言单位的串合体，而是将其视作信息的来源，翻译时力求保留原文的功能，并使其对译语读者产生效果。交际翻译与逐字逐句译和直译不同，原文的遣词造句只是译者考虑的诸多因素之一，而不是最主要的依据。交际翻译关注的是译语读者，译者尽力为其排除阅读或交际上的障碍，使交际顺利进行。其重点在于以符合译语语言、文化及语用习惯的形式传递原文的信息，而不必完全保留原文遣词造句的痕迹。以交际翻译为取向，译者享有更大的自由度去解释原文，因此可以作出调整，统一文体特征、排除歧义，甚至修正原作者的错漏。译者以特定的译语读者群为对象，给译文定下具体的交际功能并努力使译文达到这一功能，这实际上也限制了原文的语义潜能。适合采用交际翻译模式的包括新闻报道、教科书、公共告示和大部分非文学作品的翻译。

2. 语义翻译

与交际翻译模式相对，纽马克同时提出语义翻译。语义翻译把表达的内容限制在原文文化范围内，不允许对原文中富有民族文化色彩的概念加以改变。语义翻译为了表现出原作者的思想过程（thought-process），力求保留原作者的语言特色和独特的表达方式。语义翻译注重词、句的语义分析，译文与原文的形式更为接近。若作者或讲话者使用的特定语言与其所表达的内容同等重要，那么，原文的表达形式宜用语义翻译法来译。不管这类文章是哲学的、政治的、科技的，还是文学方面的。一份重要的声明，其译文应尽可能地接近原文的词汇结构和语法结构。语义翻译由于强调语义分析，力求再现原文词句结构，所以容易出现过译（over translation）现象。纽马克指出，在语义翻译中，译者必须抓住原文的词句、搭配、结构乃至强调语势，亦步亦趋地翻译，这样才能全面地保持原文的语义及表达形式。纽马克还认为，采用语义翻译法译出来的作品总是逊色于原著，因为语义翻译既然想要保持原著的一切东西，做到细大不捐，就难免顾此失彼、生搬硬套。反之，用交际翻译法译出的作品则可能会比原著要好。纽马克主张不应把交际翻译和语义翻译孤立起来看待，而应结合在一起。在翻译一篇文章时，常常是二者并用，只是其中一种可能会多用到或少用到而已。语义翻译要求保持译文的形式和内容，交际翻译强调译文的效果。

3. 语用翻译

语用学是语言学的一个分支。用语用学的原则和方法来处理翻译中的具体问题，是翻译的方法之一。上述语义翻译关注话语或文本本身的内涵，交际翻译更重视交际者和言语交际的过程，而语用翻译除了关注文本本身及交际过程之外，还关注文本或话语的动态特征。贝克认为语用翻译致力于研究交际情景中各参与者传达和操纵的意义，而非语言生成的意义。作为一种等效翻译，语用翻译的焦点不在话语或文本的命题意义的传达，而要求译者充分考虑话语或文本产生的语境、说话人的真实意图等因素。这意味着，语用翻译要努力传达内涵意义、隐喻意义以及交际中的人际意义，如会话、语调、语域等。语用翻译不仅关注指称意义，还关注“话语在交际中的使用方式以及人们的解读方式”的翻译。

例 1：昨日那种被追捕的恐慌，已经烟消云散。

译文：His panic of the previous evening was quite gone now.

例 2：方才那一种兴奋又烟消云散。

译文：Her high spirits of a moment ago suddenly passed away like a breath of wind.

两例中的“烟消云散”并非真正的“烟消失了，云散开了”，其语用用意系指

“消失得干干净净”。

（三）文化学派的翻译策略

文化学派研究译文产生的文化渊源，主张翻译与政治、经济、社会、意识形态等多种文化因素联系起来。相应地提出改写、归化、异化、阻抗、创译、文化移植、文化置换、同化等翻译策略。下面主要对改写和创译进行介绍。

1. 改写

“rewrite”在语文词典上的意思是 to write sth. again or in a different way in order to improve it or change it，即为改善或改变原文而重写。但是勒菲弗尔的“改写”完全不是这样，他认为，翻译就是指在一定的权力、意识形态、机构的操控下对文学的一种解释。翻译就是对原文的改写；改写是在权力运作下的操控，而且翻译只是改写的一种形式，其他手段还包括历史书写、选集、评论、编撰等；改写成了推动文学演变的动力，起着重要的作用，等等。所以勒菲弗尔的 rewriting 与普通语文词典的释义有很大出入。根据义素分析，勒菲弗尔的 rewriting 保留了原来的核心元素“to write sth. Again M”“in a different way”“in order to change it”。

勒菲弗尔揭示，所有的改写者都受到目的语文化内在的诗学规范和意识形态信仰的制约。应该认识到的是，大部分人（如果不是所有的人的话）在分享某一特定文化的过程中，都不可能接触到“原作”，而这一文化却声称是建立在此“原作”的基础之上的。因此，我们应该知道，对大部分人来说，种种改写形式，包括翻译，就是原作。由于这种“rewriting”是以某种方式对源语文本进行重新解释、改变或操纵，而在这一过程中，受到了译者的（有意识或无意识的）意识形态和目的语文化中占主导地位的诗学的制约。因此，源语文本的思想内容以及意识形态会有所改变。“rewriting”也译为“重写”，这一概念在巴斯奈特和勒菲弗尔论述“cultural construction”这一概念时，得到了更为详细的论证和阐释。

2. 创译

改写原文文本使其适应目的语文化和市场需要，不再带有翻译痕迹的创作，称为创译（transcreation）。创译这种翻译策略在广告、营销、电视、音乐、出版等行业得到广泛的应用。此类的职业化翻译方法改变了人们传统的对等、忠实的翻译观，把翻译放到更广阔的文化语境中来考察，也就是常说的翻译研究的文化转向。过去通常把文化转向局限于文学翻译，其实非文学翻译特别是职业化的翻译更需要注重文化的因素，这在本地化行业体现得特别明显。所以，克罗宁提出实用翻译同样需要文化转向。

职业译者应客户（或译文提供者）的要求而提供有偿服务，因此客户的利益高于一切。译者在作决定时不会考虑原文的读者，却需要考虑译文的用户（读者），并根据用户的需求而调整译文。这就是职业化译员职业精神的体现，即把顾客利益放在第一位。如广告翻译，译者除了要解决韵律的、语用的、句法的、文本的、符号的等语言方面的难题，还需要站在用户的立场，去了解目标产品的市场营销、目标市场的法律、文化差异对营销的影响等非语言因素，从而再创作出有利于产品销售的广告，所以创译成为最主要的广告翻译策略。

（四）目的论的翻译策略

目的论认为，翻译是一种有目的的活动。目的准则之一是“译 / 释 / 读 / 写皆遵循某种方式”，而且是使用该文本 / 译本读者所希望的方式。这里的“方式”也就是“使用特定的翻译策略和翻译程序”——目的论的三大目的之一。现将目的论中有代表性的翻译策略介绍如下。

1. 纪实性翻译与工具性翻译

诺德在其著作《翻译中的文本分析》一书中从功能目的论的原理出发，就翻译产品（及过程）提出两种基本形式：纪实翻译和工具翻译。纪实翻译是对原文作者和源语文本接受者之间文化交际活动的记录，如在文学翻译中目的语文本将源语文本的思想译介给目的语读者，且目的语读者也能清楚地意识到他们所读的作品是译文。诺德对纪实性翻译所举的其他例子包括逐字翻译、字面翻译和“异化翻译”。在“异化翻译”中，为保持源语文本的地方文化色彩，译文会保留原文中一些具有文化特色的词汇，如德语中独特的食物名称，像 Quark（夸克）、Roggenbrot（面包）和 Wurst（香肠）等。

工具翻译是目的语文化里新的交际活动过程中独立传递信息的工具，旨在实现其交际目的，且目的语读者不会意识到他们读到或听到的文本曾经以另一种形式在其他交际情景中被使用过。也就是说，目的语读者读到的译文就好像是用目的语写成的。而且原文和译文应具有相同的功能，如计算机使用手册或软件的译文都应与原文一样，实现指导译文读者进行操作的功能。诺德称此为“保存功能型翻译”（function-preserving translations）。然而，她也举例说明了不可能保存原文功能的一些翻译类别，如为儿童翻译的《格列佛游记》，及将《荷马史诗》译成小说以激发应当代读者的阅读兴趣。

2. 显性翻译和隐性翻译

显性翻译（overt translation）和隐性翻译（covert translation）是豪斯提出的两种对立的翻译模式。显性翻译是一种保留源语文化，使译作读起来像译作而不像原作的翻译方法。按照豪斯的模式，有些文本在源语文化中有着独立的地位，与源语语言和文化有某种内在的联系，直接以源语读者为服务对象。翻译这类文本，有必要采用显性译法，即译文不明显以译语读者为阅读对象。在进行这种翻译时，译者无意制造“第二原作”，因为“显性翻译就是看起来是译文，而不是原文”。由于翻译时严格以源语文化为取向，原作的功能无法在译作中保留。显性翻译是一种较为直接的语言转换，一般不需要作细微的文化调整。

隐性翻译与显性翻译相对，指一种使译作与原作功能等值、译文与译语读者直接关联、适合于实用文体的翻译方法。隐性译文读起来像原文而不像译文，这种译法的目的是掩盖译作的翻译本质，使译作与原作功能等值，适用于翻译在源语文化中没有独立的地位，或者说与原作的语言、传统、历史或文化的其他方面没有必然联系的文本。正因为缺乏具体的文化根源，原作的功能有时可以复制出来；而要使译作的文化结构与原作等值，需要经过“文化过程”。翻译广告、新闻、科技资料等文体时，运用隐性翻译方法是合适的。隐性翻译与交际翻译、工具翻译等说法类似。

（五）实践型翻译策略

实践型策略依靠翻译实践经验的积累，从中加以归纳、整理，使之集约化、概念化、范畴化。它不属于某种理论、哪个学派，理论的视角不同，但不妨碍采用相同的实践型策略。翻译理论和翻译策略所研究的对象有共同之处，实践型策略因此也能获得理论支持。

可以从不同的学科视角来解释经验型策略，如可以用交际学的交际能力理论阐释解释性翻译。交际能力包括四个方面的内容：①能分辨符合语法的语言形式（语法的正确性）。②能分辨实际可接受的语言形式（语言的可行性）。③能分辨得体的语言形式（语言的得体性）。④能分辨一种语言形式的常见程度（语言的可接受性）。交际能力不仅包括语言能力，而且也包括与之有关的社会文化因素的充分了解。交际中除了要求语法正确之外，解释性翻译还从接受者角度要求译文得体、语言具有可行性（作适当的文内解释）和可接受性（解释特有的文化现象或阐释必要的背景）。系统的翻译理论固然能推导或衍生出与之相应的翻译策略，但是，翻译实践也是中观研究的天然土壤。在大量的翻译实践中，译者对翻译产生了丰富的感性认识和实际经验。将这些感性认识和实际经验加以类化、规范化或概念化，深入剖析其潜在的规律性，建立起涵盖面较广的经验模块，形成策略。从大量翻译实践中不断萃取实践型策略，如解释性翻译、“看译写”、“译前处理”等。

1. 解释性翻译

解释性翻译是把要解释的内容（通常因此而加注）融入译文中去，使译文一气呵成，巧妙传达出原文的含义与风格。解释性翻译不仅仅适用于对外宣传翻译，一般还用在双语文化中或在语言的差异很大、目的语难以直接表达的场合进行“解释性翻译”，译者可以而且应该对原文加工，一般是动三种“手术”：第一种“手术”是“镶补”，即补充外国人不懂的背景，通常是加几个字或最多加一两句话就行；第二种“手术”可以称为“减肥”，这指的是对堆积辞藻的“美文”进行加工，删节“溢之言”和“不实之词”，如龙舟赛的宣传品中诸如“银河流星”“海市蜃楼”“水晶宫”“群英会”等，都可一概删节，改成简练的叙述；第三种常动的“手术”，可称为“重组”，就是按外文表达的需要，把原文的句子拆散，重新组合。一般而言，句子以简短为好，比较符合现代生活快节奏的要求，段落也可重分，且以短为宜。

2. “看译写”

“看”与“译”是密不可分的一对。“看”是基础，“译”是结果。不“看”很难“译”出规范、自然的译文。我们以前应用英语的翻译质量之所以老上不去，就与翻译过程中缺乏“看”这个环节有很大关系。必须强调的是，“看”的目的除了碰巧遇到一些拿来就可以用的现成的句子、词组之外，更重要的是熟悉某种应用文体的格式，以便在“译”这个环节上加以运用。

应用翻译三字诀的最后一个字是“写”。应用英语翻译是一种功能性很强的文体。比较理想的办法是，翻译发起人将需要翻译的主要内容告诉译者，然后放手让译者根据掌握的相关文体特点自己去写。这比第二种办法“译”还要好，译者有更多的自由发挥的机会，可以更加充分地运用自己掌握的文体知识，译出更加符合译入语读者欣赏习惯的文字来。

3. 译前处理

作为中译外的一种策略，是指翻译之前对中文原稿进行处理，目的是使对外文稿适合政治需要、符合译入语语言习惯、达到译文效果。处理主要包括：第一，在尊重原文主要信息、充分领会原文精神的前提下，根据英语受众的接受心理、习惯，对原文进行语言处理，包括风格、文体、篇章等；第二，从外宣翻译的特殊目的出发，对那些不符合对外传播、对外宣传要求的，或者本来不必要、不适宜作为对外宣传材料的原文材料进行预处理，处理的具体办法包括修改、增删、变通等。

第二节　英语翻译的艺术

译文的科学性来源于原文，译文的艺术性来源于审美客体——原文的艺术性。译者应努力再现原文的艺术性。对于不同功力的译者而言，同一原文的不同译文的艺术性是有差别的。不过翻译者永远不可能乘兴之所至，挥洒自如，他会受到“方寸之地”的限制。英语翻译的艺术离不开形象翻译、典故翻译，本节笔者将围绕这两点，根据具体案例来分析英语翻译的艺术。

一、形象的翻译

文学离不开形象，科学也需要形象。王佐良先生在他的《现代英语的多种功用》一文中引用过现代核子物理奠基人之一——哥本哈根学派性创始人玻尔的话：“最高的科学境界同最高的诗的境界都是只能用形象表现的。正是在形象上，人们找到了文学和科学的汇合点。”因此，对于诗和科学作品（如果该作品有形象的话）的翻译，都只能通过形象或形象的转换才能表达。

形象的翻译有直译、直译加注、替换现象、解释性翻译、省译等多种方法。

（一）直译形象

如文学翻译一样，英语应用翻译中的形象大多可直接译出。试比较美国诗人Henry Wadsworth Longfellow 的 *A Psalm of life* 和科普作家 Lynn Margulis 从不同角度通过形象来描述并歌颂生命。两者的汇合点在形象，翻译语言的闪光点也在形象。

Longfellow 的《人生颂》（*A Psalm of life*）四句一节，共九节。Margulis 的《什么是生命》则是一本科普读物。两者都以生命为题，描写了生命的历程，并以不同方式歌颂了生命。两者在不同程度上都采用了形象、比喻等手法。诗曰："Life is real！ Life is earnest！"（人生是实在的，人生不是虚无。）书曰："It（life）is a material process."（生命是肉体的一段过程。）两者讲的是一个意思。诗用 dust、grave、goal（尘土、坟墓、终极地）等的形象描写来提示人生的历程；书既用 air、water、sunlight（空气、水、阳光）等对人生作客观描述，又用 slow wave、exuberance、network（悠悠波浪、勃勃生机、网络）等作形象描述。诗中的 dust 和书中的 cells、bacteria 都是可以激发读者想象力的词语。由上可知，无论是形象的创造还是科学的描绘，都离不开形象，由于描述的形象和手段不同，便会产生不同特点的描述意象，而艺术语言是塑造形象的工具。英语翻译中，对再造形象力求神形毕肖。

（二）直译加注

为使读者了解原语的形象，可采用直译加注的办法。注释可分为文内注和文外注两种。为使行文流畅、阅读方便，尽可能采用文内注[①]。

例 1：世纪之交，伴随着浦东开发、开放的热潮，一个穿越历史时空的伟大战略构想，如惊涛拍岸，在太平洋西岸的国际大都市上海翻涌。

译文：With the rapid opening and development of the Pudong New Area at the turn of the century,a transcentury strategic concept,a concept with the tremendous impact of a tidal wave,is taking shape in Shanghai,an international metropolis on the west coast of the Pacific.

译文对"如惊涛拍岸"作了一些阐释，添加了 with the tremendous impact of（a tidal wave），并用以修饰 a concept，使中文的意象便于西方读者接受。

（三）替换形象

当以形象译形象不合乎译入语习惯或规范时，可以转换形象，即用另一种形象来替代原文的形象。

例 1：接着他们用绳子五花大绑，把节振国捆得像个粽子似的，又是一阵拳打脚踢。节振国的嘴里鼻孔里鲜血直冒。

译文：They gave him a good cuff and kick,trussed him up like a fowl and then went on walloping and kicking him again till his nose and mouth were a bloody pulp.

① 韩晓梅．英语文学翻译美学价值与艺术特性的基本内涵 [J]. 今古文创，2022（3）：123–125.

粽子是中国的传统食品，在英语中没有对应的表达，译者只能转换形象，用英语人士能接受的 fowl——“鸟、禽”来传达原文的基本意思。

（四）解释性翻译

解释性翻译是把要解释（即要翻译）的内容融入译文中去，与译文一气呵成，巧妙地传达出原文的含义和风格。解释性翻译一般用在双语文化差异很大、译入语难以直接表达的场合。

（五）省译形象

当形象重叠或言词间已有包含时，当形象无须在译文中再现时，当汉语的某些华丽辞藻、豪言壮语让英语读者可能受用不了时，可省译形象。

二、典故的翻译

典故一直被看成文学殿堂里一颗璀璨的明珠。典故体现了民族深厚的文化积淀。中外典故浩如烟海，为了正确理解并准确地译出典故的寓意、形象或联想意义，一定要了解相关的文化背景。

为增加词语色彩、增强文字效果，作者用经典名句来流露或倾诉自己的思想感情。旅游文本、广告、新闻报道中经常采用典故，在科技论著中也有出现，这尤见于文章或著作的前言或论文的引言中。典故的翻译方法不外乎直译、直译加注、意译、解释性翻译等。

（一）直译典故

直译有利于直接吸收外来文化，反映异国事物和情调。当不改变表达形式即能忠实于原文时，译者一般采取直译。这里的直译包括音译。

“Trojan horse”出自古希腊典故，传说古希腊人围攻特洛伊城，久攻不下，于是设计一空心大木马，并将一批精兵埋伏于木马腹中，置于城外，佯作退兵，特洛伊人以为敌兵已退，便将木马拖入城内，夜间伏兵跳出，打开城门，希腊兵一拥而入攻下特洛伊城，所以，“Trojan horse”喻指内部的破坏者，这一典故也广为流传，可直译。

（二）直译加注

既要保留外来文化元素，又要便于读者理解，直译加注是个办法。为便于阅读并使译文紧凑，以文内直接注释为好。

有时，加注与否取决于译文的读者对象。如 Munchausen' s syndrome 一词，在医学文献中，对于有关的医科学者，直译“闵希豪生综合征”即可。但对一般医务工作者或范围更广泛的读者以附加注释为好。可注释为“以著名夸张故事《吹牛大王历险记》中的主人公闵希豪生男爵得名，表现为构想性虚构历史，到处求医或有住院癖”。这一术语也有简单地意译为“假装急病求治癖”的。

（三）意译形象

意译即以不同于原文字面形式译出典故的内涵。

例 1：“昭君出塞”的故事成了中华民族团结友好史上世代相传的佳话，也成为中国诗词、戏剧、小说创作的流行题材。

译文：The story of “Zhaojun's Settlement Way Beyond the Great Wall ”has become a house hold tale in the history of the friendship and unity among Chinese nationalities as well as a popular subject in Chinese poetry,drama and novels.

译文中将“昭君出塞”译为“Zhaojun' s Settlement Way Beyond the Great Wall”。

（四）解释性翻译

寓意丰富的典故需要用解释性翻译。

例 1：您可以到杨贵妃洗澡的华清池去洗温泉澡；作为华夏子孙，您或许有兴趣去拜谒离西安不远的黄帝陵。

译文：You may also bathe in the warm mineral water of Huaqing–chi Hot Springs, which used to be a private bath for Yang Guifei,the strikingly beautiful concubine of a Tang emperor. If you are of Chinese descent, you may be interested in a visit to the Tomb of Huangdi (the Yellow Emperor): one of the earliest forefathers of the Chinese nation.

在译文中对“杨贵妃”“华清池”“黄帝”都添加了文内注解。

（五）其他译法

1. 套译

在少数情况下，可用色彩和语意相当的译入语典故套译，如破釜沉舟（burn one' s boats）、隔墙有耳（walls have ears）、浑水摸鱼（to fish in troubled waters）、非驴非马（neither fish no flesh）。

2. 省译

当典故说来话长、译文不便表达或无须表达时，可省译。

例 1：在我国最早的典籍中，即有关于这条河的记载。《尚书·禹贡》："漆沮既从，沣水攸同。"《诗经·大雅》："沣水东注，维禹之绩。"说明沣水在远古就是一条著名的河流。

译文：Records about this river can be found even in the earliest Chinese classics, which proves that the Feng River has been well-known since ancient times.

沣河历史悠久，一般外国游客未必想知道"漆沮既从，沣水攸同""沣水东注，维禹之绩"这样的内容，译者可用省略法。当然，对于需要探源索隐的读者，则另当别论。

第三节　英语翻译的技巧

一、翻译技巧概述

对翻译的基本概念与问题的了解，对英汉语言文化差异的熟悉，是翻译工作必不可少的理论务虚过程。缺少这一课虽然有时也能对付过去，但毕竟后劲不足。但只停留在这一步是不够的。在实际从事翻译前，还有必要学习一些具体的方法，以便在翻译中应用自如。所以，从理论和实践两个角度了解英汉翻译中最常用的一些技巧就显得尤为重要。

翻译的技巧实际就是变通的技巧。源语和译入语差别如此之大，不变通无法进行翻译。于是人们创造了一系列可以帮助译者完成翻译任务的具体方法。这些方法表面上看只是示人以路径的操作技能，但每一个技巧后面都有其存在的语言文化基础。因此，在介绍技巧本身的同时也十分简洁地提一下每个技巧背后的跨文化语言学的基础是有益的。因为这种对技巧较为深入的了解可能帮助译者在其他情况下触类旁通，更灵活地使用技巧，甚至能打开思路，创造出新的方法。

技巧这类变通的手段是为了克服跨文化障碍创造出来的。翻译中的障碍大多来自词性、词的语义结构和句法结构等方面的差异。所以，这些技巧和手段的作用点也常常是词性、语义结构、句法结构。常用的技巧种类繁多，但主要包括词性转换法、加减重复法、反面着笔法、分合移位法以及专门针对句型结构的方法，如定语从句的译法、状语从句的译法、被动句的译法等。这些都是用在表达阶段的方法。同时，在理解阶段如何厘清短语中词之间的关系也是至关重要的。

二、英语翻译的几种常用技巧

（一）解包袱法

词与词之间的关系有时一目了然，如我们说“漂亮的衣服”，谁都知道“漂亮的”和“衣服”之间的修饰关系。英文也是一样，“wonderful books”中两个词修饰与被修饰的关系也很清楚。这是因为中文里的“的”字给了读者明确的指示，说明了形容词和后面名词的关系；同理，英文以“ful”结尾的形容词也是一个标记，指示英文中这两个词之间的关系。但是，不一定每个词语都是这样明显。

上述的例子体现了形容词和名词的关系，在实际语言中，各类词之间都有复杂的关系。译者在使用各种翻译技巧前，有必要先将这些缠在一起的关系像解包袱一样解开，然后理顺。这样读者就可以不背这个“包袱”，这就是所谓的“解包袱法”。下面的例子是解包袱法的重要体现。

例 1：We want to buy quality steel.

译文：我们要买高质量的钢材。

本句中“quality”和“steel”之间的关系实际上与形容词和名词的关系类似，而且“quality”中包含有“高”的意思。形容词修饰名词我们接触得较多，但也常常看到“名词 + 名词”这种修饰关系。这时两个词之间的关系就可能会比较复杂，译者有必要根据语境仔细分析，不能千篇一律地用一种关系解释所有“名词 + 名词”的关系。

例 2：I am pleased to be here to offer a U.S. business perspective on one of today' s great quality challenges:building a high skills/high wage work force.

译文：我很高兴能来此介绍一下美国商界对当今我们在（员工）素质方面所面临的挑战的看法，这项挑战就是如何建立一支高技术、高薪金的劳动队伍。

本句中的“quality”和“challenges”之间的关系就和上句不一样，“quality”实际是“challenges”的范围。如果译者把这个短语译成“质量的挑战”，就会使读者产生疑惑。

例 3：Noise abatement procedures.

译文：抑制噪声的措施。

在这个词组中，三个名词叠加在一起。这三个词之间的关系应该是 the procedures abate noise，所以翻译时就应该有所调整。

上面介绍的“解包袱法”能将紧紧捆在一起的词与词间的语义关系解开，使隐藏的词和词间的连接方式暴露出来，这是在理解阶段译者可以使用的一个法宝。但是，解开的包袱并非一定要照解开时的样子搬到译入语中。也就是说，通过解包袱法分析后的原文完全可能太过具体，因为我们在理解时正是通过加一些词才将不明确的关系说清楚的，所以有时解开包袱后会发现，包袱不解开，译文读者也能理解，于是就决定把包袱重新包起来，照原样放到译入语中。在目前这个追求效率、追求简洁的时代，这种将包袱原封不动地搬到译入语中的方法也许无法避免。其实不解包袱并非没有益处，照原样复原就可以让读者按原文的思路思考，比如在英语科技文本中有必要将不解开的整个包袱当成一个符号对待，解释了反而不利于标准化。

（二）词性转换法

词性转换是最常用的手段。我们学英语时老师总会灌输“词性”这一概念，所以在我们的头脑里，将名词、动词、形容词、副词、介词、连接词、代词等词类分得清清楚楚。这对英语学习者来说，可以说是一个长处，但强调词性概念在翻译时却可能成为译者的障碍。因为词性概念都是建立在语言的表层结构上，而恰恰在表层结构上，英汉两种语言差别很大。在英语里可以用一个名词表达的概念，汉语也许可用一个动词；一个汉语里的副词在用英语表达时可能转换成形容词，这类例子比比皆是。词性转换这个手段是以词为对象的变通手段，但其作用所及已不仅仅是词。短语间词与词的关系的调整、句型的转换，使用这些手段时，都可能要同时用到词性转换法[①]。

词性转换几乎可以在所有词性间进行，如名词转换成动词、动词转换成名词、介词转换成动词、副词转换成动词、名词转换成形容词等，都是常常使用的。

例 1：The improbable pregnancy was big news for the woman’s family.

译文：她竟然能怀孕，对她的家庭来说可是一大消息。

本句中的名词“pregnancy”转换成了动词“怀孕”，而形容词“improbable”

① 杨嘉珈．探讨英语翻译中跨文化视角转换与翻译技巧 [J]. 经济师，2021（12）：227-228.

则译成“竟然”，是非常成功的词性转换。

例 2：Wherever you go,there are signs of human presence.

译文：无论你走到哪里，总有人迹存在。

本句英文名词的“presence”在译文中用于动词“存在”表达。

从上面的句子中我们已经发现，在学习英语过程中辛苦建立起来的牢固的词性概念，在翻译时都被译者抛在脑后，不予理睬。这样的做法是正确的，否则翻译出来的中文就会缺乏可读性。

（三）增减重复法

1. 增词法

在翻译中，有时译者不得不在原文的基础上略有增减或故意重复某些词。因此，英汉翻译中增词法（amplification）、减词或省略法（omission）和重复法（repetition）就使用得异常频繁。不过，增减重复时有一条金科玉律：增词不增意，减词不删意。所以，译入语中的这种增减重复主要用于两种情况：一是把不清楚的语义用更多的字讲清楚，如“presidential historian”这个词组译成“总统的历史学家”就不够清楚，用增词法译成“研究总统的历史学家”，语义一下子就清楚了；二是在译入语中用增减重复法调整语言结构，使译文更像地道的译入语，如“For mistakes had been made,bad ones”这句可译成“因为已经犯了错误，很严重的错误”，但还可以通过增词法使这句话中的两部分关系更协调，进而使中文表达更顺畅:“因为已经犯了错误，而且是很严重的错误”，加了一个连接词，但实际没有加任何语义信息。下面是一些有关增词的例子。

例 1：She was more royal than the royals.

译文：她比皇家成员更有皇家气质。

本句“royal”一词实际在译文中成了名词，而且是由加词构成的（皇家气质）。英汉翻译时不少表达抽象特质的形容词或名词都可通过加词来更清楚地表达，如 statesmanship 译成“政治家的风度”等。

例 2 ：There are scenes of all sorts, some dreadful combats,some grand and lofty horse–riding,some scenes of high life,and some of very middling indeed,some love–making for the sentimental,and some light comic business.

译文：看看各种表演，像激烈的格斗、精彩的骑术、上流社会的形形色色、普通人家生活的情形、专为多情的看客预备的恋爱场面、轻松滑稽的穿插等。

本句可谓比较适合加词的例子。其实，加进去的词的意思原文中都有，只是不很明显而已。用“形形色色”更好地表达了“scenes”中的复数形式；“生活的情形”也寓于“some of very middling indeed”之中；“专为……预备的”原文字面上没有，但译文也没有添加文外之意。拿掉这些加进去的字并非不可，但很可能影响译文的可读性。

2. 减词法

减词（有时也称为省略）则恰恰相反，是把原文中有的一些词省略不用。省略或减词是改善汉语行文的手段。英文中有些词在译文中不一定个个都要写出来，省略掉会使译文更简洁。英文里的不少代词、连接词在中文表达时省掉才能避免累赘，“他摇着他的头”中的“他的”就可以省略掉。有些情况下，减词也许是因为该词的意思已经融入其他词中，不必再用一个专门的词来表达了。这种减词十分重要，英汉翻译时每个词都不放过的话，译文的可读性就会受到严重影响。下面是几个省略或减词的例子。

例1：When the students finished all the books they had brought,they opened the lunch and ate it.

译文：学生们看完了随身带的书，就打开饭盒吃起来。

代词是经常被省略掉的词，因为如不省略的话就会很累赘。上面这句如果写成“学生们看完了他们随身带着的书，他们就打开饭盒吃起来”，就略显啰唆。

例2：As the manager of the performance sits before the curtain on the boards,and looks into the Fair,a feeling of profound melancholy comes over him in his survey of the bustling place.

译文：领班的坐在戏台上幔子前面，对着底下闹哄哄的市场，瞧了半晌，心里不觉悲惨起来。

本句的省略主要是连接词（as 和 and）。由于英文重形合，语言各成分间的关系往往由词挑明，如本句用 as 构成从句，修饰主句（a feeling…），而 as 从句里还用一个 and 表示连接关系。这在汉语里都是可以省略的，上面的译文去掉了连接词，效果更佳。

例 3：What could marriage mean if we did not feel ourselves capable of love?

译文：连爱都爱不起来，还谈什么婚姻?

本句中的“if ”在中译文里被省略了，假设从句在中文里变成了另一种表达法（连……还）。

例4：Amelia Doll,though it has had a smaller circle of admirers,has yet been carved and dressed with the greatest care by the artist.

译文：那个叫爱米丽的洋娃娃虽然没有那么叫座，卖艺的倒也费了好些心血雕刻她的面容，设计她的服装。

这里对“a smaller circle of admirers”的处理既可以说是省略，也可以说是词性转换。在译文里这几个英文词全都被省略了，而只是用一个“没有那么叫座”表达出来。这实际是将一个名词词组转换成了动词词组。英文中的词全被减掉，但这些词代表的意义却一点不漏地在译文中复现。

3. 重复法

重复法是另一个可以使用的翻译手段。作者之所以要重复是因为行文和修辞的要求。本来可以用两个字，却偏偏用四个字，本来可以用一个成语，却偏偏用两个成语。这一类的重复往往是为了“雅”。但有时倒并不是为使用成语之类的“雅”词，而仅仅是为了满足译文行文表达的基本要求，如“You need and deserve admiration”可以译成“你需要并也值得羡慕”。但如果重复“admiration”，就会更通顺：“你需要让人羡慕，也值得让人羡慕。”下面是几个重复的例子。

例1：There had been too much publicity about their relationship.

译文：他们的关系已经闹得满城风雨、人人皆知了。

本句中的“publicity”被译者用重复法扩充为“满城风雨、人人皆知”。其实，用其中一个就完全够了，这类重复法用时要谨慎，用得不当，会有华而不实之嫌。

例2：But Europe held forth the charms of storied and poetical association.

译文：但欧洲也有它的美，欧洲的美更富于历史与诗意的联想。

本句中的“Europe”和“charms”两个词在译文中都重复了。这种重复不是必不可少的，不重复的话句子照样通顺，但译者可以根据个人的风格并考虑上下文选择重复法，以追求语言的效果。

（四）反面着笔法

反面着笔有时也称为正说反译或反说正译，其基本概念是原文从一个角度下笔，译文恰恰从相反的角度下笔。采取这个译法时被反面处理的可以是词、短语，甚至整个句子。照原文角度下笔在译文中行不通时往往会采取这一译法，从正面无法翻译，译者掉转方向从另一个角度下笔。但有时采用这种方法是为了达到行文优美的目的。下面我们来看反面着笔法的几个实际例子。

例 1：Yet the process of achieving gender equality is still an ongoing one.

译文：然而争取男女平等的过程仍然是一项未竟之业。

本句中“an ongoing one”是指 process 在 ongoing，译文则把这个“ongoing”转到人那里，而且是从反面下笔，译成了“未竟”。

例 2：You could not kill any more.

译文：你已经恶贯满盈了。

原文是“你不能再杀人了”,但译文从另一个角度看,说你“恶贯满盈”。“kill”这个概念在译文中被取消，而替换成了杀人的记录（“满盈”）。

例 3：I hear everything.

译文：什么都瞒不过我。

本句整句都被译者反过来了。原文中 I 是动作的实施者，everything 是被听到的。但译文主语和宾语（受词）的位置和英文恰恰相反。整句都用反面着笔法处理。

例 4：Osborne was Sedley’ s godson,and had been one of the family anytime these 23 years.

译文：奥斯本是赛得利的干儿子。23 年来，这家子一向没有把他当外人。

本句原文是说他是成员之一，但译文来了个一百八十度大转弯，译成“没把他当成外人”。这是反面着笔运用得十分成功的一例。

例 5：The moon lies fair upon the straits.

译文：长峡托孤月。

本句是一首诗中的一句。原文是月亮在海峡上空,动作是月亮做出的。但译文完全反了过来，是海峡把月亮托了起来，原文中主动的月亮，译文中被海峡托起。

（五）分合移位法

1. 切分

切分（division）、合并（combination）与移位（shifting）也是翻译中最常用的方法。切分与合并的对象可小，也可大。有时原文是一个简单句，但句中的某一个词或短语很难照原样处理，有必要将某一个单独的词拿出来，构成一个单独的从句甚至一个单独的句子，如“Those Chinese scientists in Silicon Valley are understandably proud of their achievements.”这句中的“understandably”就可以拿出来单独处理，可以翻译为“这些在硅谷工作的中国科学家们对他们取得的成就感到很自豪，这是可以理解的”。有时切分的单位较大，如将一个长句子一分为二，其实这是译者在调整翻译单位。下面是几个切分的例子。

例 1：And a growing minority of Western intellectuals agreed.

译文：越来越多的西方知识分子当时接受这种看法，虽然从数量上说，他们仍是少数。

原文是一句简单句，其中没有分句存在，但原文中的“growing minority”在中文里不可能按照原来的语法结构译。所以译者把两个词拆开，一个放到前面（“越来越”），一个单独另组一个分句（“虽然从数量上说，他们仍是少数”）。

例2：A naive projection of their past growth rates into the future was likely to greatly overstate their real prospects.

译文：若以过去的增长率来预测未来，会显得考虑欠周，因为那种预测会严重夸大未来的实际增长。

本句中的“naive”只是一个形容词，修饰名词“projection”。由于“projection”是一个动作，所以翻译时可以转换成动词；但“naive”如果转换成副词则不一定方便。所以译者索性彻底改变了句型，将一句简单句分成了两个分句。

例3：The president of the university has watched soaring real estate prices in Silicon Valley prompt a steady exodus of his staff.

译文：硅谷地区房地产价格飞涨，结果大学校长眼看着他手下的人都纷纷离去。

本句的基本句型是 The president watched prices prompt exodus，显然是一个简单句，译文则变成了一个包括结果从句的复合句。

例 4：Macroeconomics stabilization quickly became a major focus of transition policy,however,with varying degrees of success,often due to political pressure for credits and subsidiaries for the enterprise sector coupled,in some cases,with uncontrollable growth of credit in the form of inter–enterprise arrears.

译文：宏观经济的稳定迅速成为转型政策的主要重点，不过各国取得成功的程度不同。其原因往往是企业为取得贷款和补助而向政府施加政治压力，加之在某些情况下，以企业之间欠款形式的信贷也不受控制地增加。

英文原句只是一个句子，但这个句子中却有好几个动作（became，success，

coupled，growth），这就为切分提供了基础，因为有些表示动作的词（如名词或过去分词）可以通过转换成为分句的动词，所以本句译成中文后是两个句子。这种抓住有动作的词，将其扩展成另一个句子的办法有时会十分有效地切分长句，使英文转换成几个地道的中文短句。

2. 合并

和切分相反，有时译者要合并语言成分，因为合在一起更符合中文的习惯，也更顺畅。和切分一样，合并的可以是几个词，也可以是分句，甚至是几个句子。将几个句子合起来处理，译者的眼光实际就冲破了句子的障碍，是以语段为翻译的取舍单位的。合并也是翻译时常常使用的，下面是几个合并的例子。

例 1：The inauguration took place on a bright,cold,and windy day.

译文：就职典礼那天天气晴朗，寒风凛冽。

原文是三个形容词，但译文中却合并成了两个修饰成分。翻译时有些并列的修饰成分如无特殊意义，译者可以考虑合并，只要原文的意思都包括进去就可以。

例 2：Thank you for your advice and counsel.

译文：谢谢您的忠告。

本句中两个名词（advice 和 counsel）实际是一个意思，原文重复使用基本上是个语言手段，翻译时可以考虑合并成一个。

例 3：This single stick,which you now behold ingloriously lying in that neglected comer,I once knew in a flourishing state in a forest.It was full of sap,full of leaves,and full of boughs.

译文：君不见，眼前这根孤零零、灰溜溜、羞怯怯地躺在壁角里的扫把，往年在森林里它也曾有过汁液旺盛、枝叶繁茂、欣欣向荣的日子。

英文原文一共两句，但两句都是描写扫把的，所以译者将两句合并成了一句中文。这说明译者取舍翻译单位时不是根据有形的句子，而是根据表面形式后面的意义。

3. 移位

将原文的语言成分前后移位在翻译中也常用。一般来说，移位最常用在一句之内的语言成分间，如把一个词或短语从前面移到后面。如果想移动两个句子，那就要从语段的角度找依据。除非有足够理由，一般不主张将数个句子前后移位。

例 1：I knew every spot where a murder or robbery had been committed or a ghost seen.

译文：什么地方发生过盗窃案或者凶杀案，什么地方有鬼魂出现过，我都知道。

本句句首的“I knew”被放到了句子的最后面，完全颠倒了过来。

例 2：A woman infected with HIV may be ostracized or abandoned by her husband if her condition is revealed,even when he is the source of the disease.

译文：即使妇女的 HIV 是被丈夫传染的，但病情一旦泄露，还是会遭受冷待或抛弃。

本句最后的分句在译文中放到了最前面，既简洁又清楚。如果仍然放到后面，效果就不见得那么好：“感染了 HIV 的妇女，如果其病情被泄露出来，可能被丈夫赶走或抛弃，即使她的病情是因丈夫而引起时也是这样。”颠倒法在这里起到了非常好的效果。

（六）对“词性转换”的新认识

将动词换成名词，将名词改成介词，这类灵活的方法往往可救译者于“危难”，一句翻译不下去的话，一经转换便可解决。这说明，词性本身往往是障碍，翻译时不能死盯着原文的词性。因此，奈达翻译理论的一个核心内容也与突破词性的束缚有关。他主张超越词性，在更深（或者说“更高”）的层次，译者能够游刃有余。对这些基本观念，不需要颠覆，因为这些都是翻译实践中经常使用的策略，在理论中有据可循，在实践时也能够得心应手，应该继续作为翻译的技巧加以传授。但是多年来，强调转换“利”的一面，却很少关注转换“弊”的一面，对于可以转换讲得多，对于不该转换讲得少，甚至可以说基本没讲。所以就必须对转换这类技巧给予新的解释，赋予新的内容，再提出更完整的技巧“适应征”。下面让我们从认知语言学领域进展的角度，对词性转换这一技巧作些补充。为说明词之间的关系，可以根据以下经典例句来说明：“① She sings beautifully. ② The beauty of her singing. ③ Her singing is beautiful. ④ Her beautiful singing.”。

这四组表达法的语法结构虽然不同，但词之间的深层关系是一样的，所以，仅就文字的基本意思而言，这四句所表达的事件是一样的。这组例句的目的是要给译者一个理论基础，使他们在翻译时不要被词性束缚，大胆地灵活处理。

同时，文字的意思有时不仅仅靠基本语义表达，一些附加的信息很可能通过语言的其他手段表达出来。换句话说，语义相同但词性不同很可能传达的信息并不完全一样。有些认知语言学家的研究很值得注意，如兰盖克（Langacker）就认为，名词、动词、副词、形容词等语言范畴不仅仅是只有形式属性的，语法范畴也承载意义，可以用下面这两个表达法来解释名词和动词之间的差别："① The Boston bridge collapsed. ② The collapse of the Boston Bridge."。

就语义来说，这两个表达法说的是一回事，但在认知语言学家的眼里，却有所不同。第一句中的"collapsed"是动词，而由动作表达的事件往往更容易给人一种延续感，好像事件在你眼前展开，你好像看到桥在倒下去，好像演电影一样。所以，这种由动作表达的事件是动态的，从观察者的角度说，这个过程是序列扫描（sequential scanning）。再看第二句中的名词"collapse"，显然和第一句中的"collapsed"意义完全一样，但名词却给人一种静态的感觉，一个在时间序列里展开的事件被固定成一幅不移动的画面，这种观察称为概括扫描（summary scanning）。也就是说，动词更凸显事件的序列关系，呈现时间过程（temporal）；名词则强调其非时间性的一面，它不在你的大脑中促成序列的关系（atemporal）。

词性转换虽然不改变语义，却有可能改变读者的心理感受。"波士顿桥倒塌了"和"波士顿桥的倒塌"在读者心理层面上的冲击力度是不同的。过去，对于这类句子的差别我们并不是完全熟视无睹的，但却很少从隐喻力度这个心理语言学的角度来观察。其实，提出这个观察点的目的并非建议译者不用词性转换，只是意在促进译者把阅读原文的过程变得更精准透彻。大多数情况下，即便词性转换确实造成细微的差别，翻译实践者还是会权衡利弊，最后选择转换。但这并不是说，词性转换和不转换完全一样，这只能说明其差别仍然没有达到需要我们放弃转换的地步。但在有些情况下，如语域非常高的文本的翻译、一些文学作品的翻译、注音等因转换而造成的细微差别，在翻译中给予关照，甚至放弃词性转换的译法就是值得应用的。从心理语言学的角度看词性转换这一技巧，能使我们更准确地把握这一技巧，用起来更加得心应手。

第五章　英语词语的翻译应用

第一节　词义的理解

所谓“词语”，是指词或词组等独立的可以自由运用的最小的语言单位，也是语篇翻译中的基本单位。对词语的理解不深，或一知半解，或粗心大意，必然造成误译或错译，进而影响整个句子、段落和整篇文章的理解。

翻译过程中，无论是英译汉还是汉译英，遇到的也正是词语的理解和翻译问题。由于英汉两种语言在词汇方面存在较大差异，原文词义的辨析和译语用词的表达就成了英汉、汉英翻译的基本问题，也是影响译文质量的一个关键环节。词义的理解是否得当，除涉及对英汉语言的本身修养外，还涉及有关专业知识和文化背景知识。对初学翻译的人来说，切忌望文生义、不求甚解，尤其是遇到一些常用的多义词时，除了日常阅读时多加注意外，翻译时更应勤查字典和有关工具书。

在英译汉中，选择和确定词义通常从以下几个方面着手。

一、从词的语法分析来理解

对初学翻译的人来说，准确的理解往往离不开语法分析。语法分析主要从构词法、词性、涉指关系和词在句中充当的成分几个方面来理解。

（一）从词的构词来分析

词的形貌结构体现了词的自身含义，因此，分析词的构成有助于弄懂词义，获得词的基本含义，从而为译入语的选词提供必要的参考依据。

此外，名词的单复数不同，其词义可能全然不同。例如：force 力量——forces 军队；green 绿色——greens 青菜，蔬菜；finding 发现，探索——findings 研究成果，调查结果；work 工作——works 工厂，著作；damage 损失，损害——damages 赔偿金；air 空气——airs 傲气。

（二）根据词性判断词义

英语中一个词可以分别属几种不同的词性。词性不同，词义也有所不同。正确判断词性对理解词语的意义起着决定的作用。例如，“Workers can fish”中的“can”“fish”分别被看成助动词和动词时，此句应译为“工人们能够捕鱼”；当它们分别被看成谓语动词和名词时，此句就变成了“工人们把鱼制成罐头食品”。下面再举几例加以说明。

例 1：Your account of what happened is not right.（形容词）

译文：你对发生的事情的叙述不太正确。

例 2：Go right on until you reach the end of the street.（副词）

译文：一直朝前走，直到你到达街道的尽头为止。

例 3：I have the right to know the truth about the matter.（名词）

译文：我有权利知道这件事的真相。

例 4：I hope your troubles will soon right themselves.（动词）

译文：我希望你的困境很快就能扭转过来。

（三）从涉指关系来分析

所谓涉指关系，指词在上下文中的照应关系，包括人称照应、指示照应和比较照应等。人称照应包括人称代词的各个格，代用词 one，指示代词 such 和不定代词 some、any、each、both 等，以及一些限定词如 much、many、few、little 等。指示照应包括名词性指示词 this、that、these、those 以及副词性指示词 here、there、now、then 等。比较照应指有关涉及词的比较级形容词和副词[①]。

例 1：It may be possible to build faster ships,but scientists believe that they could not travel as fast as light. So they would still have long journeys ahead of them.（人称照应）

译文：虽有可能造出速度更快的飞船，但科学家相信这种飞船的速度不会达到光速，因此，科学家还面临着漫长的探索道路。

例 2：Health is above wealth,for this cannot give so much happiness as that.（指示照应）

译文：健康比财富更重要，因为财富不能像健康那样给人以幸福。

① 宋平．英语词义的认知释解 [J]. 海外英语，2020（24）：30-32.

例 3：I hate blue skirt,white suits me but grey is the most preferable.（比较照应）

译文：我讨厌穿蓝衬衫，喜欢穿白衬衫，而最喜欢穿灰衬衫。

（四）从句子成分来分析

一个词语在句中充当的成分不同，意义也不相同。特别是当某些词语从形式上看，既可用作这一成分，又可用作另一成分时，必须根据上下文和全句的意思作出准确的判断，否则就会造成理解错误。

例 1：The inventor began his scientific career as a chemistry teacher.（介词短语做状语修饰动词 began）

译文：这位发明家从化学老师开始了他的科学生涯。

例 2：His first act as an engineer was to labour in the workshop.（介词短语做定语修饰名词 act）

译文：他当了工程师后的第一个行动是下车间劳动。

例 3：A successful scientist rejects authority as the sole basis for truth.（介词短语做宾语 authority 的补足语）

译文：有成就的科学家总是拒绝把权威当作真理的唯一基础。

例 4：I wrote four books in the first three years, a record never touched before.（画线部分为评价性质的附加语，对主句作补充说明，不能理解为 wrote 的宾语）

译文：我在头三年里写了四本书，打破了以往的记录。

二、根据上下文和逻辑关系来确定词义

一般说来，一个孤立的英语单词，其词义是不明确的。句中的词从其所处语法、语义关系及其与其他词的指涉关系中获得词义，即当其处于特定的关系中时，它的词义将受到毗邻词的制约而稳定明确。这里的上下文包括词的搭配、一般意义和专业意义、词的文化背景知识、上下文提示、有关虚词的关联作用、逻辑关系等。因此，根据上下文和逻辑关系判定词义都是词义辨析中非常重要的方法。

例 1：You should check your answers again and again before you hand in your paper.

译文：你交卷之前应当反复核对答案。

例 2：I have not checked my luggage yet.

译文：我的行李还未寄存。

例 3：A change of wind checked the fire.

译文：风向改变抑住了火势。

例 4：Have you checked the examination papers yet,sir？

译文：你改完试卷没有，先生？

例 5：Mr. Robert did not check in until yesterday.

译文：罗伯特先生直到昨天才签到。

例 6：The woman guest has checked out of the room before 12 o' clock.

译文：那位女房客已经在 12 点之前结账离开了房间。

从词的一般意义和专业意义来理解。

例 7：I will give you all the help within my power.（生活用语）

译文：我会尽力帮助你的。

三、根据词的搭配

词的搭配指词与词之间的一种横向组合关系。英汉两种语言在长期使用过程中各自形成了一些固定的词组或常见的搭配，这些搭配有时可以逐字译成另一种语言，有时则不行。造成英汉词语搭配差异的因素有三种：词在各自语言中使用范围大小不同，词在各自语言中引申意义有所不同，词在各自语言中上下文的搭配分工不同。因此，翻译时应注意英汉两种语言中词的搭配差异，在译语中选择恰当的语言来表达。

第一，要注意定语和修饰语的搭配关系。

例 1：open。比如：an open book（一本打开的书）；an open question（一个悬而未决的问题）；open speech（开幕词）。

例 2：soft。比如：soft pillow（软枕）；soft cushion（靠垫）；soft music（轻柔的音乐）。

例 3：红。比如：红糖（brown sugar）；红茶（black tea）；红运（good luck）。

第二，要注意搭配分工，如动词与宾语的搭配。

例 4：play。比如：play chess（下棋）；to play football（踢球）；play truant（逃学）；play high（豪赌）；play the piano（弹钢琴）。

例 5：develop。比如：Developing countries（发展中国家）；develop a model（建立一个模型）；develop a base（开辟一个基地）。

例 6：做。比如：做衣服（to make clothes）；做文章（to write an essay）；做

生意（to do business）。

此外，动物的叫声在英汉语言中都有各自的表达法，汉语里描述动物的叫声用得最多的是动词“叫”，但英语中动物的拟声词十分丰富，各种动物的叫声都有自己的表达法。翻译时，如不加区别地使用就会出现搭配错误。例如，狗叫——Dogs bark，蜜蜂嗡嗡叫——Bees buzz，绵羊咩咩叫——Sheep bleat，小鸡吱吱叫——Chickens peep，鸭子呱呱叫——Ducks quack。

四、注意词的语用色彩

注意词的语用色彩即注意词义的运用范围、轻重缓急、褒贬色彩、语体色彩和政治含义。任何语言都有语体之分，有文雅，有通俗，有粗野，还有俚语、公文语及术语等。因此，为了忠实于原文的思想内容，翻译时应正确理解原作者的基本政治立场和观点，在译语中选用适当的语言手段加以表达。

（一）词义的运用范围及其侧重点

翻译时应准确理解词的意义，如 country 表示国家的地理范畴，nation 体现在共同的地域和政府下的全民概括，land 指给人以国土或家园之感，state 指国家的政治实体，power 表示国家的实力。再如 look、glance、stare、gaze、eye 和 peep 都表示“看”，但各个词的使用范围却有所不同。look 是词义范围比较广泛而且比较通俗常用的词，泛指“看”这个动作；glance 是“一瞥”（a short，quick look）；peep 表示“偷看，窥视”（a secret glance）；gaze 表示“凝视，注视”（along，steady look，often caused by surprise or admiration）；stare 表示“盯着看，目不转睛地看”（a very surprised look or a very ill-mannered gaze）；eye 表示“注视，察看”（watch carefully）。

又如，offender、criminal 和 culprit 都有“罪犯”的意义，但其侧重点却有所差异。offender 指任何违反法律的人，不一定受法律的制裁，如 a juvenile offender（少年犯）、an old offender（惯犯）；criminal 指严重犯法的人，理应受到法律的制裁，如 a war criminal（战犯）、a habitual criminal（惯犯）；culprit 则指已被起诉的犯下罪行的人。

（二）词义的轻重缓急

表示“笑”的词语有很多，如 laugh 是指“大笑”，chuckle 是指“抿着嘴笑”，

smile 是指“微笑”，guffaw 是指“放声大笑”“狂笑”，giggle 是指“傻笑”，jar 是指“嘲笑”，smirk 是指“得意地笑”，grin 是指“露齿一笑”。

表示“哭”的词语也有很多，如 weep 是指“哭泣”，wary 是指“含泪的”，sob 是指“呜咽”，yammer 是指“哭诉”，howling 是指“哭哭啼啼的”，cry 是指“大哭”。

再如下面两个句子。

例 1：我国的进出口贸易总额有了较大幅度的增长。

译文：There has been a sharp increase in the total volume of imports and exports.

这里的“sharp increase”是“激增”的意思，可改译为“big increase”。

例 2：我们必须广泛利用现代科学技术的新成就。

译文：We must utilize the results of modem science and technology on a wide scale.

“成就”译为“results”，太轻了，可改译为“achievements”。

（三）词义的褒贬和语体等感情色彩

词义的感情色彩取决于该词在交际情景中的使用情况，它反映了作者运用某一词语时赋予它的或肯定，或否定，或尊敬，或诅咒，或古朴典雅，或庄严肃穆，或诙谐幽默等意义。例如，“ambition”一词既可作褒义，又可作贬义，完全取决于它在句中所含的潜在态度，如在下列句子中的应用。

例 1：It is the height of my ambition to serve the country.

译文：报效祖国是我最大的志向。

例 2：Now some of the young men in our society are without ambition.

译文：现在社会上有些年轻人胸无大志。

例 3：The president has announced his ambitious program to modernize the country in fifteen years.

译文：总统宣布了一项规模宏大的计划，希望在 15 年内实现国家的现代化。

在所指事物相同的情况下，一组同义词中的各个词可以分别用于不同的文体中，有的适用于一般文体，有的适用于正式文体，有的适用于非正式文体。因此，翻译时应注意词的文体特征。

第二节　词语翻译的转换

一、词语的转换

（一）名词和动词之间的相互转换

1. 英语名词转换为汉语的动词

英语中名词使用较多，汉语中动词使用较多。因此，名词和动词之间的互相转换是英汉互译中较常见的转换现象。英语中大量由动词派生而来的名词和具有动作意义的名词，英译汉时常转换为动词。而汉译英时，却常常将汉语的动词转换为英语的名词。

例 1：Rockets have found application for the exploration of the universe.

译文：火箭已经用来探索宇宙。

例2：A glance through his office window offers a panoramic view of the Washington Monument and the Lincoln Memorial.

译文：从他的办公室窗口可以一眼看到华盛顿纪念碑和林肯纪念馆的全景。

例3：Difference between the social systems of states shall not be an obstacle to their approach and cooperation.

译文：各国社会制度的不同，不应妨碍彼此接近和相互合作。

2. 英语动词转换为汉语的名词

英语中有些动词，特别是名词派生的动词，如 characterize、mobilize、behave 等词，在汉语中很难找到相应的动词。因此，翻译时常常将这类动词转换为汉语的名词。而在汉英翻译中，汉语的名词向英语的动词转换也是很普遍的[①]。

例 1：The film Hero impressed me deeply.

译文:《英雄》这部电影给我留下深刻的印象。

例 2：The earth on which we live is shaped like a ball.

译文：我们居住的地球，形状像个球。

① 范捷．英语比喻性词语文化内涵的翻译方法 [J]. 宿州教育学院学报，2019，22（6）：35–37.

例 3 ：The new product is characterized by unique designs,high quality and great capacity.

译文：新产品的特点是设计独特，质量高，容量大。

（二）英语形容词与汉语动词的相互转换

英语中有一些作表语的形容词，表示知觉、情感、欲望和想法等心理状态，如 afraid、anxious、careful、glad、delighted、cautious、grateful、envious、embarrassed、confident、certain、angry、ashamed、jealous、aware、sorry、ignorant 等。这类形容词在英译汉时，常常转换为动词。

例 1：I think of him when I complain about trifles,when I am envious of another' s good fortune,when I do not have a good heart.

译文：每当我为琐事抱怨的时候，每当我嫉妒别人好运的时候，每当我没有一颗“善心”的时候，我就想起了他。

例 2：Scientists are confident that all matter is indestructible.

译文：科学家们深信，所有物质都是不灭的。

此外，还有一些形容词短语当在句中做表语或定语时，也常常被译为汉语动词。这类形容词短语有：absent from（缺少）、adaptable to（适合于）、beneficial to（有益于）、harmful to（有害于）、inferior to（不及，次于）、superior to（超越，胜过）、fraught with（充满）、free from（免于）、adjacent to（靠近）、analogous to（类似于）、sensitive to（对……敏感）、empty of（缺少）、contrary to（与……相反）等。

例 3：We are all familiar with the fact that nothing in nature will either start or stop moving of itself.

译文：我们都熟悉这样一个事实——自然界中没有一个物体会自己开始或自行停止运动。

例 4：A responsible government is one responsive to the wishes of his own people.

译文：一个尽责的政府是对其人民愿望作出反应的政府。

相反，在汉译英时，汉语中的那些表示知觉、感情、欲望等心理状态的动词，转为“be+ 形容词”或“be+ 形容词 + 介词短语”的结构。

（三）英语副词和汉语动词的转换

第一，英语中某些在形式上与介词相同的副词，也可以和汉语的动词转换。

例 1：The meeting was over, they all left the office.

译文：会议结束后，他们都离开了办公室。

例 2：The librarian told me that the book was out.

译文：图书管理员告诉我，那本书借出去了。

第二，汉语中有些动词也可译成英语中的副词作表语或宾语补足语。

例 1：经理让专家们进来，而让其他人出去。

译文：The manager let the experts in and others out.

例 2：太阳下去了，月亮出来了。

译文：The sun is down while the moon is up.

（四）英语介词或介词短语和汉语动词的转换

英语中介词的使用是相当多的，其中一些含有动作意味的介词和介词短语常常转换为汉语的动词，而且也只有这样译才符合汉语的表达习惯。

例 1：President Lincoln proposed to establish a government of the people,by the people,and for the people.

译文：林肯总统主张成立一个民有、民治、民享的政府。

例 2：Party officials worked long hours on rough food,by dim lamps.

译文：党的干部们吃的是简陋的食物，住的是寒冷的窑洞，点的是暗淡的油灯。

同理，汉语中的动词也可以转译为英语中的介词或介词短语。

例 3：今年暑假我们去度假。

译文：We will be on holiday during this summer vocation.

（五）名词和形容词的转换

英语中的某些名词，特别是一些形容词派生的名词，作表语或宾语时，汉译时将其译为形容词更符合汉语的表达习惯。

例 1：As a Beijing Opera actor,he is a great success.

译文：作为一个京剧演员，他是很出色的。

例 2：I am a stranger to the operation of the computer.

译文：我对计算机的操作是陌生的。

英语中的某些表示事物特征的形容词作表语时也可以转换为汉语的名词；有些形容词加定冠词后表示一类的人，这类形容词也可转换为汉语的名词。

例 1：Computers are more flexible,and can do a greater variety of jobs.

译文：计算机的灵活性比较大，因此能做很多不同的工作。

例 2：We should do our best to help the sick and the wounded.

译文：我们应该尽最大的努力来帮助病号和伤号。

上述两种转换现象也存在于汉译英中。汉语中的形容词可译作英语的"be+ 名词"结构，定语形容词可译作"名词 +of"结构。汉语中的名词也可转换为英语的形容词。

例 1：他用热情的款待来遮盖过去自己的窘态。

译文：He covered up his embarrassment with the enthusiasm of his hospitality.

例 2：由于采用新技术，工厂的效率越来越高。

译文：With the new techniques adopted, the factory is getting more and more efficient.

（六）形容词和副词的转换

在英汉翻译中，形容词和副词是可以相互转换的。由于英语的名词或动词可以分别转换为汉语的动词和名词，修饰名词的形容词和修饰动词的副词也可以随之分别转换为汉语的副词和形容词。

例 1：We should take full advantage of this opportunity to push the sales of our products.

译文：我们应当充分利用此机会进行产品促销。

例 2：The modern world is experiencing rapid development of science and technology.

译文：当今世界科学技术正在迅速发展。

在汉英翻译中，形容词和副词的相互转换也是很普遍的。

例 1：太阳对人的身体和精神都有极大的影响。

译文：The sun affects tremendously both the mind and body of man.

例 2：这位访问学者的演说使我们受到很大的鼓舞。

译文：The speech given by the visiting scholar greatly inspired us.

（七）其他词类的转换

除了上述几种词类转换外，在英汉翻译和汉英翻译中，副词也可以和名词互相转换。

例 1：All structural materials behave plastically above their elastic range.

译文：超过弹性极限时，一切结构都会显示出塑性。

例 2：Careful comparison of them will show you the difference.

译文：只要仔细把它们比较一下，你就会发现不同之处。

从上面的词的转译来看，词性概念在翻译时被译者搁置一边，不予理睬的做法是明智的，否则，译出来的英语或汉语就会缺乏可读性。但同时也应注意到，词的转译源于两种语言不同的表达习惯，并无固定的规律，不同的词语在不同的上下文中可能会有不同的转译方式，这就需要译者在不断的翻译练习中去体会、掌握。

二、变换用词

重复是汉语的一大特点，同一词汇或词组可以在文中反复出现，以求准确或有力。这和汉语是意合性语言有关系。汉语几个相关句子的组织，不是靠连词等手段，而主要靠句子内在的意思来连接。这样，缺少了连词的帮助，依靠词语的简单重复来增加句子的凝聚力便是很自然的了。因为就听者或读者来说，词语的重复要比使用代词、同义词等更能使句子意思明显易懂。而英语是形合性语言，它有连词等语言形态手段保证句子意思的连贯，这样它就可以无所顾忌地追求词语的变化。用不同的词汇来表达同一意义，以求达到活跃文风的效果。

汉语的用词重复还和其语音文字特点有密切关系。从美学的角度出发，为了读起来顺口、听上去悦耳，文章往往追求音节的整齐划一和匀称，这样就出现了词语的重复。而英语的美学规则有所不同。语言学家 Fower 在 *The King's English* 一书中指出，重复词要么去掉，要么有所变化。因为重复出现某个词多少有点反常，只要反常就要去掉。而避免词语重复的办法之一就是追求词语的变化。

鉴于汉英两种语言在这方面的差异，译者应采取相应的措施。英译文中不要总是用同一个词汇或短语，如果用得太多，会使读者感到厌烦，因此用词要多样化。被重复的汉语词语可以包括动词、名词、形容词等。

例 1：世界要和平，人民要合作，国家要发展，社会要进步，是时代的潮流。

译文：The world needs peace. The people want cooperation. Nations aspire for development. Society seeks progress. This is the trend of our times.

汉语原文中的四个“要”，在译文中是通过“need”“want”“aspire for”和“seek”四个同义词实现的。

三、动态与静态

学者陈文伯曾指出，汉语句子中动词占优势，英语句子中名词占优势，因而前者常表现为动态，后者则表现为静态，所以汉译英常常表现为动态向静态的转化。中国人在翻译汉语动态动词时，既可以保留英语动态动词，也可以将它转化为静态的表达法。当然，并不是说所有的动态动词都必须转化为静态表示法，但翻译工作者应注意到存在这种转化的可能性。同时还应注意到动态与静态之间的微妙区别。请看下面例子。

例 1：他父亲去世了。

译文 1：His father died.（表示动态）

译文 2：His father is dead.（表示他父亲已不在世的状态）

例 2：他出门不在。

译文 1：He went out.（表示动态）

译文 2：He is away./He is out.（表示他出远门了或表示暂时出门不在的情况）

四、词语的变通手段

两种语言之间的差异决定了翻译活动的复杂性。而且语言也在不断发展，英汉新词语在不断出现，构词手段也在逐渐发展。在一般情况下，如果仅仅依靠单一的或一成不变的方法去处理词语翻译的问题，那么翻译活动就很难完成。翻译活动还得讲究一个多样性的原则，因此，除前面所讲的主要的词的翻译方法之外，在翻译活动中还经常采取一些必要的切实可行的变通手段，比如替代法、释义法和缀合法等。

（一）替代法

替代法就是指使用同义词、近义词或以另一角度的措辞来代替原文的词义以适应行文或表意的需要。替代法是翻译过程中重要的译词手段之一。但使用替代法译词必须注意的是，译者必须对原文词语的词义有准确而透彻的理解，在译文语言里精心选择替代词（substitute）。替代法有以下几种形式。

1. 代词性替代

代词性替代法主要用在汉译英翻译中。这是因为汉语中词语的重复现象远远超过英语，有时还作为一种修辞手段，以加强语气。而英语则不同，在英语中，除非是强调，一般避免重复，代词的使用频率远高于汉语。因此在汉译英时，往往使用代词或关系代词来替代同一意义的词语。

例 1：他讨厌失败，他一生中曾经战胜失败，超越失败，并且藐视别人的失败。

译文：He hated failure, he had conquered it all his life, risen above it,and despised it in others.

例 2：中国有许多风俗习惯，在西方人看来这些风俗习惯是颇为费解的。

译文：China has a great range of customs and habits that may seem puzzling to a westerner.

2. 同义词替代

汉语中成语的使用很普遍，这是因为汉语中成语相当丰富，成语使用得当可以使行文大为增色，通顺流畅，雅俗交融，生动活泼，形象鲜明，从而获得更好的修辞效果。英语中很多词语都可以在汉语中找到意思相同或相近的词、成语或习语替代词。

例如：to kill somebody as an example——杀一儆百；put all cards on the table——打开窗子说亮话；cast pears before swine——对牛弹琴；spend money like water——挥金如土；have a card up one’ s sleeve——胸有成竹；等等。

例 1：Since modem Western culture is highly diverse,something that has faded co-mpletely from one segment of a society can still be flourishing in another.

译文：鉴于现代西方文化千差万别，有些事物在某个社会的一部分地区已经完全销声匿迹，而在另一部分地区可能仍然方兴未艾。

相对来说，汉语中的同义词没有英语中的同义词表现丰富。因此，在汉译英时，英语就可以充分发挥它丰富的同义词优势。

例 2：双方在人权问题上仍有分歧，但在其他所有问题上取得了广泛的一致。

译文：There were still some differences on the question of human rights,but there was broad agreement on all other issues.

例 3：不同的文体所用的语言是不一样的。政论性文章与科技文章不同，新闻报道与文学作品不同，写的文章和嘴上讲话不同。

译文:The language varies from genre to genre. A political essay differs from technical writing;a news report is not the same as a literary work;a written article is quite different from oral speech.

3. 正反替代

使用替代法可以将正说词从反面说，或将反说词从正面说，即正说反译或反说正译。这种替代法无论是在英译汉中还是在汉译英中都很普遍。

（1）正说反译

fail（失败）——没做成；deceptive（欺骗性的）——靠不住的；against（反对）——不符合；文盲——illiterate；危险的——insecure；厌恶情绪——dislike。

例 1：Life is far from a bed of roses.

译文：生活不是一切尽如人意的。

例 2：法律面前，人人平等。

译文：Law is no respecter of persons.

例 3：这个惨痛的历史教训，我们全党同志一定要永远记取，引以为鉴。

译文：No comrade in the Party must never forget this bitter lesson and we must all take warning from it.

（2）反说正译

incomplete（不完全的）——残缺的；disaffection（不忠）——二心；infrequent（不经常的）——偶尔为之的；不开窍的（人）——dumb-bell（笨蛋）；不到 15 英里——within fifteen miles；不二价——one price；唯你是问——You are to answer it；等等。

例 1：All articles are untouchable in the museum.

译文：博物馆内所有的展品禁止触摸。

例 2：He carelessly glanced through the note and got away.

译文：他马马虎虎地看了那张便条就走了。

例 3：请勿践踏草地！

译文：Keep off the lawn!

例 4：他犯法皆因不懂法律。

译文：His ignorance of law led to crime.

（二）释义法

释义法主要适应于在译语中找不到源语的对应词而又无法将原词加以引申、替代或直译移植时，以释义法析出的词义是对原词义的阐释。释义法无论是在英汉翻译中还是在汉英翻译中都是一种不可缺少的翻译手段。使用释义法不仅可以解决翻译中无对应词的矛盾，而且还可以对某些含有文化背景或特殊含义的词或词语加以解释，以利于译语读者准确理解该词及全句的含义。释义法主要有以下几种形式。

1. 使抽象名词具体化

mindlessness——思想上的混沌状态；precaution——预防措施；magnetization——磁化现象；阴——（in Chinese thought）the soft inactive female principle or force in the world；阳——（in Chinese thought）the strong active male principle or force in the world。

2. 使隐含的词义清楚明了

teenager——13 岁至 19 岁的青少年；prey——被捕食的动物；clock-watcher——老是看钟等下班的人；德高望重——of high ability and integrity；品种齐全——in complete range of articles；驰名中外——be popular both at home and abroad。

3. 阐释文化背景或特殊含义

swansong——绝唱，辞世之作；pumpkin eater——养不活老婆的人；Sapphic——（古希腊抒情女诗人）萨福诗体的；下海——xiahai（to start a business, a company or a shop at the risk of losing one’s iron pot/permanent job）。

（三）缀合法

缀合法包括两层手段，即连缀和融合。缀合法是综合英汉词义差异的有效手段。连缀，是指将两个比较贴近或不完全一致的汉语对应词糅合成一个词以求扩大词义范围。

例1：They were utterly in the dark about their population and natural resources and, when the job began,much of the territory had not been explored because of racial conflicts.

译文：他们对本国人口和自然资源一无所知；而当这项工作开始时，大部分地区由于种族纠纷并未进行勘察。

融合指完全摆脱汉语词义的束缚，把原文中灵活、不易翻译的词义融合成一种表达或融合到整个汉语句子中，只求神似，不求形似。

例如：so subtle and careful an observer——一位如此精细的观察家；his mendacity and dishonesty——他的狡诈；a grim and tragic Christmas——一个惨淡的圣诞节。

（四）形译法和音译法

形译法主要指根据词的实际形状来翻译科技术语。这些专门术语的前部分表示该术语的形象或外表特征的字母或单词，翻译时要将这一部分译成能表示具体形象的词语或保留原有字母。例如：T–beam（丁字梁）、O–ring（形环圈）、X–brace（交叉支撑）、V–belt（三角皮带）、U–steel（槽钢）、T–type highway（T 形公路）、Z–iron（Z 字铁）、U–shaped spring（U 形弹簧）。

音译法是按原词的发音译成相对应的词语。词语音译是译词法中不可忽视的一种手段。音译法适用于专有名词，包括人名、地名、公司名、计量单位、首字母缩略词以及一些新术语等。例如：aspirin（阿司匹林）、AIDS（艾滋病）、Ebola（埃博拉病）、TOEFL（托福）、Wall Street（华尔街）、Citroen（雪铁龙）、Olympic（奥林匹克）、typhoon（台风）、gallon（加仑）、Coffee（咖啡）。

五、词的增译与省译

由于英汉两种语言在词法结构、语法结构和修辞结构上都存在差异，因而，对于同一思想内容，它们在表达方式上也必然会有所不同。为了使译文符合译语的表达习惯，在翻译过程中，常常要采用添加或减少的方式来改变原文句中词的数量，这就是词的增补和省译。增词的目的，或是连接上下文，或是补足语气，或是避免译文意义含混不清。省译的目的是忠实、通顺、简洁地表述原文的意思。词的增补和省译是英汉互译过程中相辅相成的两种翻译技巧，它们都是常用的切实可行的翻译方法。

（一）词的增译

英汉互译时，由于意义、语法、句法、修辞或逻辑以及文化背景差异，常常添加一些结构词、数量词、概念词、语气词以及反映文化背景知识的信息等。

1. 结构增补

由于英汉两种语言在语法和句法上的差异，翻译时，常常添加一些结构词，以使译文清晰明了。所添加的结构词可以是实词，可以是虚词，可以是反映时态或语气的词，还可以是反映逻辑的词。

例 1：They ate and drank,for they were exhausted.

译文：他们吃点东西，喝点酒，因为他们疲惫不堪了。（动词后增加名词）

例 2：The goods in the supermarket are indeed cheap and fine.

译文：这家超市所卖的商品真是价廉物美。（形容词前增加名词）

例 3：Since air has weight,it exerts force on any object immersed in it.

译文：因为空气具有重量，所以处在空气中的任一物体都会受到空气的作用力。（增加连词）

英语中某些抽象名词或表示动作意义的名词，因单独译出时意思不明确，翻译时，常常根据上下文在其后面添加“情况”“作用”“方法”“过程”“工作”“状态”“态度”“现象”“度”“化”“性”等概括词，使译文符合规范。例如：abstraction（抽象化）、intensity（强度）、infiltration（渗透作用）、processing（加工方法）、backwardness（落后状态）、preparation（准备工作）、tension（紧张局势）、arrogance（自满情绪）。

例 1：I’ d like to know something about your scientific experiment.

译文：我想了解一下你们科学实验方面的情况。（增加概括词）

例 2：He dismissed the meeting without a closing speech.

译文：他没有致闭幕词就宣布结束会议。（增加动词）

例 3：We drove in a black limousine，past groves of birch trees and endless rows of identical new buildings.

译文：我们乘坐一辆黑色轿车，经过一丛丛的白桦树和看不到尽头的一排排式样相同的新住宅。（增加表复数的词）

由于汉语句子中无主句或省略主语的句子十分普遍，因此汉译英时，因英语语句结构的需要，必须根据上下文添加主语。汉语句式呈现“意合”，英语句式呈现“形合”。因而，汉语句子可以包含多个分句，分句之间常常不用连接词，但在意义上却是相关联的；英语分句之间必须有衔接标志。因此翻译时，必须根据上下文添加适当的连接词。

例 1：累得我走不动了。

译文：It makes me so tired that I can’t walk anymore.（增加主语和连接词）

例 2：只有慎之又慎，才能避免犯不必要的错误。

译文：Being very careful,you（we）can avoid making unnecessary mistakes.（增加主语）

例 3：三思而后行。

译文：Look before you leap.（增加主语和连接词）

2. 信息增补

翻译时，为了把意思说清楚，有时需增加一些原文内含的信息，以使译文读者能准确而完整地理解原文的意思。此外，英汉两种语言中都有许多蕴含着特定文化意义和历史意义的典故、俗语、习语等，这些典故、俗语、习语对本国人来说，一看就明白。但在不同文化背景的译文读者看来，却如坠烟云，如不增添一些必要的信息内容或注释，就很难明白这些俗语、习语的真正含义。在这种情况下，也有必要采取增补法，增加内容上所需要的词语和解释。

例 1：According to scientists,it takes nature 500 years to create an inch of topsoil.

译文：根据科学家的观点，自然界要花 500 年的时间才能形成一英寸厚的表层土壤。

例 2：发展才是硬道理。

译文：Economic growth is most important. / Development is the absolute principle.

例 3：她在戏中扮演包公。

译文：She played the male role of Judge Bao（the just and impartial judge in Chinese history）.

例 4：三个臭皮匠顶个诸葛亮。

译文：Three cobblers with their wits combined equal ZhuGe Liang the master mind.

（二）词的省译

由于英汉语言在语法、句法和修辞上的差异，有些词语或句子成分在原文中是必不可少的，但翻译时，若照搬到译文中，就会影响译文的简洁和通顺。忠实于原文并不等于全部译出原文中的每个字。为了忠实、通顺和简洁地表达出原文的意思，使译文在思想内容上与原文相同，有必要省去某些词语或句子成分。省译并不是随意删减原文中的某些内容，而是避免内容重复、文字累赘，使译文符合译语的表达习惯。

省译可分为结构性省译和逻辑修辞性省译。结构性省译是由于英汉语言在句子结构上的差异造成的。英译汉时常常省略冠词、人称代词和物主代词、介词、连词、动词等，汉译英时常常省略一些重复词语。

1. 结构性省译

（1）冠词的省译

英语中有冠词，而汉语中却没有这一词类。因此，一般说来，英译汉中当不定冠词不含有“一”或“每个”的概念时，不定冠词常常被省略。定冠词用来表示特指某个或某些人或事物时，定冠词也常常被省略。

例 1：A horse is a useful animal.

译文：马是有用的动物。

例 2：The sun was slowly rising above the calm sea.

译文：太阳从风平浪静的海上冉冉升起。

例 3：The direction of a force can be represented by an arrow.

译文：力的方向可以用箭头表示。

（2）代词的省译

英语中作主语和宾语时的人称代词以及表泛指的人称代词作主语时，常常省略。由于汉语中没有英语中的物主代词和反身代词的词类，因此，根据汉语的习惯，英语中的物主代词和反身代词有时可省略。英语中的关系代词有时也可省略。

例 1：He was thin and haggard and he looked miserable.

译文：他消瘦而憔悴，看上去一副可怜相。

例 2：We had much snow last year.

译文：去年下了很多雪。

例 3：Why do we feel cooler when we fan ourselves?

译文：我们扇扇子时，为什么会感到凉快？

此外，英语中“it”的用法很特殊，它除了可以用来指事物或动物之外，还可以作形式主语和形式宾语，甚至还可以用来引导强调结构。在英译汉时，“it”常常省略。

例 4：It was yesterday that we held a meeting in the club.

译文：正是昨天我们在会所里开了一个会议。

（3）介词的省译

大量使用介词是英语的特点之一。汉语中的介词使用没有英语那样频繁。所以，英译汉时，介词常常省略。

例 1：The many colors of a rainbow range from red on the outside to violet on the inside.

译文：彩虹有多种颜色，外圈红，内圈紫。

例 2：The difference between the two machines consists in power.

译文：这两台机器的差别在于功率不同。

例 3：That is a good book which is opened with expectation and closed with profit.

译文：好书使人开卷有所求，闭卷有所获。

例4：A Chinese diplomat should be firm in stance,broad in vision,swift in wit,qualified in profession,outstanding in talent,and noble in character.

译文：中国外交人员应该立场坚定，眼光远大，头脑敏捷，业务熟悉，才华出众，风格高尚。

（4）连接词的省译

英语中词与词之间、短语与短语之间、句与句之间多采用形合法，即英语造句常用各种形式手段来连接词、短语、分句或从句，注重显性接应，句子结构紧凑严密，以形显义。英语中的连接手段包括关系代词（如 that、which、who 等）、关系副词（如 when、where 等）、并列连接词（如 or、and、but 等）和从属连接词（如 when、because、since 等）。

汉语则不同，汉语中短语之间、句子之间多采用意合法，即汉语中更注重隐性连贯，注重逻辑事理顺序，注重功能、意义，以意统形。因而汉语中少用或不用连接词。英译汉时，连接词常常省略。

例 1：I help him and he helps me.

译文：我帮助他，他帮助我。

例 2：Men and women，old and young，all joined in the battle.

译文：男女老少都参加了战斗。

例 3:I knew the train was coming as I had seen the passengers swarm into the platform.

译文：我看到乘客们涌向站台，知道火车就要进站了。（表示原因）

例 4：If you don’ t go there tomorrow,they will get angry.

译文：你明天不去，他们会生气的。（表示条件）

（5）动词的省译

英语中，谓语动词是不可缺少的部分。而汉语中，句子是可以没有动词的，直接用形容词（形容词短语）和名词（名词短语）作谓语，因此，英译汉时，可根据汉语的习惯，省略原文中的动词。

例 1：The spring water in my hometown is very very clear.

译文：家乡的泉水清又清。

例 2：When the pressure gets low,the boiling-point becomes low.

译文：气压低，沸点就低。

例 3：For this reason television signals have a short range.

译文：因此，电视信号的传播距离很短。

（6）其他词的省译

在汉译英中，常常省略一些重复的词语或语句。汉语里有些“范畴词”本身没有什么意义，只是重复概括已表达的意思，翻译时一般省略。例如，“它的 1300 名工人和职员”译为“its 1300 workers”等。此外，汉语为了获得某种效果，常常使用重复的词语或语句。翻译这些词语时，也常常省略。

例 1：大家必须杜绝工作中的浪费现象。

译文：We must put an end to waste in our work.

例 2：这是革命的春天，这是人民的春天，这是科学的春天！让我们张开双臂，热烈拥抱这个春天吧！

译文：Let us stretch out arms to embrace spring,which is one of he revolution,of the people,and of the science!

2. 逻辑修辞性省译

逻辑修辞性省译主要是从逻辑或修辞角度出发，省略原文中的一些次要的词语或成分，使译文文字简洁明了，文笔流畅自然，符合译文的表达规范。

例 1：If you want to kill a snake you must hit it first on the head and if you want to catch a hand of robbers you must first catch their leader.

译文：打蛇先打头，擒贼先擒王。

例 2：He who knows not and knows not he knows not,he is a fool—shun him.

译文：无知且不知其无知者，乃愚昧之人——应避之。

例 3：这篇论文总结了电子计算机、人造卫星和火箭等三方面的成就。

译文：The thesis summed up the achievements made in electronic computers，artificial satellites and rockets.

例 4：我们说，长征是历史记录上的第一次，长征是宣言书，长征是宣传队，长征是播种机。

译文：We answer that the Long March is the first of its kind in the annals of history,that it is a manifesto,a propaganda force,a seeding-machine.

汉语中遣词用字往往具有两个特点：第一，习惯使用叠字，重叠构词不仅使得词语音节匀称、形式整齐，而且赋予词语新的意义和感情色彩，如“事事”“字字”“阵阵”“想想”“条条”等。第二，为了获得强调效果，汉语比较讲究句式对仗工整，即使用相似、相对或不同的词语来重复同一意义，这类现象尤其常见于四字格和谚语中。而英语总的来说是一种忌重复的语言。因此，在汉译英时，常常采用省略法，以避免句法上的重复和混乱。例如：称心如意——satisfactory、发号施令——issue orders、深仇大恨——deep hatred、土崩瓦解——fall apart、背信弃义——perfidious、根深蒂固——deeply ingrained、暴风骤雨——a violent storm、花言巧语——fine words、泪如泉涌——a flood of tears、纸上谈兵——armchair strategy。

例 1：此时鲁小姐卸了浓妆，换了几件雅淡衣服，遽公孙举目一看，真有沉鱼落雁之容、闭月羞花之貌。

译文: By this time Miss Lu had changed out of her ceremonial dress into an ordinary gown,and then Zhu looked at her closely,he saw that her beauty would put the flowers to shame.

翻译时必须尽力保留原文的内容。但有时，在保留原文内容时，不得不改变原文的语言形式，对一些累赘的语言进行省略，以符合译文的表达规范。

例 1：桂林公园里阵阵桂香扑鼻而来，满树金花、芳香四溢的金桂；花白如雪的银桂；红里透黄、花多味浓的紫砂桂；花色似银的四季桂；竞相开放，争妍媲美。

译文：The Park of Sweet Osmanthus is noted for it profusion of Osmanthus trees. Flowers in different colors from these trees are in full bloom,which pervade the whole garden with the fragrance of their blossoms.

由于很难在英语中找到相应的花名，同时也为了避免辞藻堆砌，上句采用去繁就简的省略译法。

例 2：江岸上彩楼林立，彩灯高悬，旌旗飘摇，呈现出一派喜气洋洋的节日场面。千姿百态的各式彩龙在江面游弋，舒展着优美的身姿，有的摇头摆尾，风采奕奕；有的喷火吐水，威风八面。（何志范《乐山龙舟会多姿多彩》）

译文：High-rise buildings ornamented with colored lanterns and bright banners stand out along the river banks. On the river itself, gaily decorated dragon-shaped boats await their challenge,displaying their individual charms to their heart's content. One boat wags its head and tail;another spits fire and sprays water.

原文辞藻华丽，文采奕奕，描述生动。译文充分考虑了西方读者的审美情趣，打破了原文的表达方式，删减了不符合英语表达习惯的词句，以简洁明快的语句，表达出原文中龙舟赛场壮观热烈的气氛和千姿百态的龙舟风采。

第六章　英语语句的翻译应用

第一节　特殊语句的翻译

一、汉语无主句、无宾句的处理

汉语是意合性的语言，只要在上下文中，意思上能够理解，就可省去任何东西，而不考虑语法或逻辑关系。在汉语中，没有主语或没有宾语的句型很普遍；英译时常需将隐含的主语或宾语补上，以合乎英语语法习惯。

在翻译汉语无主句时，经常使用以下五种方法：①补上人称代词作为主语，这是在口语体翻译时常用的一种办法。②补上语义比较虚泛的名词当主语。③转为英语被动语态，这种办法常用于正式文体，如常见于科技论文之中。④将汉语句子中的其他非主语成分转成英语主语。⑤补上省略的宾语[①]。

（一）补上人称代词作为主语

例 1：加强思想政治工作，讲艰苦奋斗，都很必要，但只靠这些也还是不够，最根本的因素，还是经济增长速度。

译文 1：It is most essential to strengthen ideological and political work and stress the spirit of hard struggle,but counting just on these will not suffice.

译文 2：Although we have to strengthen ideological and political work and stress the need for hard struggle,we cannot depend on those measures alone.

译文 1 机械地将“只靠这些”译成“counting just on these”,但使用“counting”充当英语主语不是十分常用、地道。译文 2 改用添加人称代词主语“we”的办法，读上去更口语化，更顺畅。

① 姜艳．论英语语句翻译中的一些常用技巧 [J]. 英语广场，2016（4）：40-41.

（二）补上语义虚泛或具体的词语充当主语

例 1：过去，只讲在社会主义条件下发展生产力，没有讲还要通过改革解放生产力，不完全。

译文：In the past,we only stressed expansion of the productive forces under socialism without mentioning the need to liberate them through reform. That conception was incomplete.

“不完全”可视为“这不完全”的省略形式，英译时可补上主语。补上的主语可以是较虚的 that，也可以在可能的范围内将其更具体化一些，上面译文补上了“That conception”，比 that 更具体、更清楚。

（三）转为被动语态

例 1：基本路线要管一百年，动摇不得。

译文：The basic line should be adhered to for 100 years,with no vacillation.

以上译文采用被动语态来进行处理，语义正确，在书面语中比较妥当。

但在口语体中，应避免使用被动语态，可添加人称代词当主语：We should adhere to the basic line for a hundred years,with no vacillation.

（四）将非主语成分转为主语

例如：自然而然地也能感觉到十分的秋意。

译文 1：And a sense of the fullness of autumn will come upon you unawares.

译文 2：And an intense feeling of autumn will of itself well up inside you.

上述两个译文是从客观角度译，都将原句谓语动词译为了译文中的主语。

（五）补上省略的宾语

汉语动词往往没有宾语，隐含的宾语需要读者自己通过推理得出。例如，一个人说:“我有一个建议……”，另一人说:“我接受。”“接受”的隐含宾语就是“建议”。英语中及物动词较多，不宜说 I accept，而应说 I accept it，也必须把宾语显示出来。

二、省略句

语言的使用以简洁为贵，人们在说话、写作和翻译时，有时出于句法和修辞的需要，常常省去某些不必要的成分，而意思仍然完整，这种缺少一种或一种以上成分的句子称为省略句。英语和汉语中都存在省略句。省略的形式多种多样，可以是主语、谓语和宾语，也可以是一个成分或多个成分。对省略句的翻译，不管是英译汉，还是汉译英，关键都在于对省略成分的准确理解，翻译时根据译文语言的表达习惯，增加或省略被省略的成分。如果看不清楚被省略的部分，就会产生误解，导致错误的翻译。下面探讨翻译省略句的常用方法。

（一）原文中省略的部分，译文中补出

省略是英语句子的一种习惯用法。英语句子中的某个或某些成分有时在句中不必出现，或者前面已出现过的某些成分，为了避免不必要的重复，后面可以不再出现。英语中的各种成分，如主语、谓语动词、表语、宾语、定语和状语等，都可以在句中省略，但翻译时，准确理解被省略的成分，可将其在译文中补出。

例 1：The symbol for hydrogen is H;for oxygen,O;for nitrogen,N.

译文：氢的符号是 H；氧的符号是 O；氮的符号是 N。（增加主语）

例 2：Courage in excess becomes foil hardiness,affection weakness,thrift avarice.（省略定语和谓语动词）

译文：过度的勇气变为蛮勇，过度的爱变为溺爱，过度的节俭变为贪婪。

例 3：Truth speaks too low,hypocrisy too loud.（省略谓语动词）

译文：真理讲话声太低，虚伪嗓门太大。

（二）原文中省略的部分，译文继续省略

英语中被省略的部分，有时根据译文需要，也可以在译文中省略。如有些从句中省略了和主句中相同的部分，此时，根据需要，可以省略原文中省略部分，尤其是由 than 引导的比较从句，从句中被省略的部分，常常不译。

例 1：What if the sun is not shining?（what will happen if…）

译文：如果没有太阳照耀，那怎么办？

例 2：In 1975,the number of students in our school is about five hundred,and in 2005,over four thousand.

译文：1975 年，学校的学生人数为 500 左右；2005 年，已超过 4000。

例 3：The culture and customs of America are more like those of England than of any other country.

译文：美国的文化和风俗习惯与其他国家相比，则和英国最为接近。在汉译

英时，有时根据英语的行文表达习惯，也可以省略一些成分。

三、倒装句

一般说来，英语陈述句的正常词序为主语 + 谓语动词 + 宾语（或表语）+ 状语。但英语的词序比较灵活，有时为了强调句中的某一成分，从修辞角度考虑，可将句中的有关成分提前，构成倒装。英语的倒装可分为结构性倒装和修辞性倒装两大类。倒装句的翻译关键在于对倒装句的理解，而理解的关键就在于对句子作出正确的语法分析，找出句子的主干，确定什么成分被倒装。一般来讲，翻译结构性倒装，汉语可采用正常语序，而翻译修辞性倒装，可根据译文的需要，或保留原文语序，即仍然在汉语中使用倒装语序，或采用正常语序。

（一）结构性倒装的翻译

结构性倒装是由语法结构的需要而引起的倒装，主要包括疑问倒装，结构倒装，虚拟倒装，以 there、here、then、thus、now、so、nor 和 neither 等副词位于句首引起的倒装。结构性倒装的翻译一般采取正常语序。

例 1：Are you fond of country music？

译文：你喜欢乡村音乐吗?

例 2：There is nothing on the table.

译文：桌子上什么也没有。

例 3：Had they been given more help,they would not have failed.

译文：假如给予他们更多的帮助，他们就不会失败了。

例 4：Tom didn’t like sports programs. Nor did his wife.

译文：汤姆不喜欢体育节目，他妻子也不喜欢。

（二）修辞性倒装句的翻译

修辞性倒装句的目的是加强语气，或是避免头重脚轻，它包括句首为表示地点的介词或介词短语、否定倒装、让步倒装、only 位于句首引起的倒装、为了叙述方便或使情景描写更加生动形象而引起的倒装等，这类倒装根据需要可采用正常语序或倒装语序。

例 1：Little do we suspect that the region is rich in water resources.

译文：这一地区水利资源丰富，我们对此深信不疑。（正常语序）

例 2：Talent, Mr. Robert has; capital, Mr. Robert has not.

译文：说到才能，罗伯特先生是有的，谈到资本，他却没有。（倒装语序）

例 3：Tired as he was, my brother went on working.

译文：虽然累了，我哥哥仍然坚持工作。（正常语序）

例 4：Most information we get from him.

译文：大部分消息我们是从他那里得来的。（倒装语序）

四、分词短语和分词独立结构的翻译

分词短语可分为现在分词短语和过去分词短语。一般说来，分词短语的翻译并不难，可根据它们在句中所充当的成分而译成汉语中相应的成分，这里主要探讨分词短语作状语时的翻译。分词短语作状语可表时间、原因、方式、结果、条件和伴随状况等逻辑关系。翻译的关键就在于要准确理解分词短语与句子谓语动词之间的逻辑关系，然后在译文中补充表相应逻辑关系的词语。

例 1：Not knowing the language,he didn’ t know how to ask the way.

译文：他因为不懂语言，不知道怎样问路。（表原因）

例 2：The hunter fired,killing a fox.

译文：猎人开枪打死了一只狐狸。（表结果）

例 3：Shouting loudly,the children ran to the zoo.

译文：孩子们大声喊叫着朝公园跑去。（表伴随）

例 4：Having more money,I could afford to buy the house.

译文：如果有更多的钱，我就能买下这座房子了。（表条件）

例 5：Being a metal,mercury is not a solid.

译文：汞虽是金属，但不是固体。（表让步）

例 6：Coming out to the street,I felt a bit cold.

译文：来到大街上之后，我感到有点冷。（表时间）

当分词短语作状语，带有自己的逻辑主语时，这种结构称为独立结构。独立结构可表示时间、原因、条件或伴随状况等逻辑关系。分词独立结构的翻译关键在于弄清楚独立结构表什么关系，然后在译文中补充表相应逻辑关系的词语。

例 1：Weather permitting, we will have the match.

译文：如果天气允许，我们就举行比赛。（表条件）

例 2：Her leg wounded,Ellen could do nothing but stay at home.

译文：腿受伤了，埃伦只好待在家里。（表结果）

五、并列结构句

汉语的动词没有形态变化，所以从表面形式上看并列的结构较多。英语动词可以呈现不同的形态（如动词原形、动词不定式、分词）。此外，在汉译英中常出现词性转换的情况。例如，汉语动词可转为英语名词、介词等。因此，在英译的过程中汉语的并列结构常转换为不并列的结构，失去原汉语的平衡美感。有时译者应有意识地保持英译文中词汇形态的一致性和结构的平衡性。如出现形态不一致，可以改变英译文中词汇的词性、词形，甚至增补语义不明显的词汇，以求形态一致。

当然，有时汉语句型结构也会比较随意，翻译时如发现汉语语义上并列，但结构上未处于并列关系，这时译者应调整词序，使它们处在相应的结构上，这样可增强译文的平衡感和可读性。

（一）把汉语并列结构译成英语并列结构

例如：现在，我们发展社会主义市场经济，与马克思主义创始人当时所面对和研究的情况有很大不同。

译文 1：At present,we are putting in place a socialist market economy. But the conditions we are faced with are quite different from those the founders of Marxism were faced with and studied.

译文 2：At present,we are putting in place a socialist market economy. But the conditions we are faced with are quite different from those the founders of Marxism faced and studied.

通常认为第二种译法质量较好，该译文用主动的“face”，既与“study”平衡并列，又避免了与前面的“are faced with”重复。

（二）把汉语非并列结构改成英语并列结构

例 1：鼓励、支持和规范社会力量办学、中外合作办学。

译文：The government will encourage,support and standardize school management by non-governmental sectors or by Chinese-foreign cooperation.

“社会力量”是具体名词，“中外合作”是抽象名同，如果译成“by non-governmental sectors or by Chinese-foreign cooperation",未取得平衡,因为"sectors"是具体名词,而"cooperation"却是抽象名词。如把"cooperation"换成"undertakings",这一问题便可以解决。

六、被动句

语态是动词表示主语与谓语关系的一种形式，可分为主动语态和被动语态两种。主动与被动，虽是人类认识客观世界的两种不同的角度，但却表达了同一个事实。两者在意义上的差别就在于主动语态表示主语是谓语动词动作的执行者，叙述强调的是动作；被动语态表示主语是谓语动词动作的承受者，叙述强调的是动作完成后所呈现出来的状态。

主动与被动表现形式的差异主要取决于语言自身的特点，但同时也与一个民族的文化和思维方式有关。中国文化的最高境界是"天人合一"，中国的传统哲学注重物我合一，强调思维上的整体观。在"物"与"人"的关系上，是"万物与我为一"，也就是说，在人和万物和谐统一的关系中，人要起主导作用，体现了汉人思维模式中的主体意识。这种主体意识导致了中国人认为行为和动作一定是"人"这个主体才能进行和完成的，于是汉语中许多时候，不管是主动意义还是被动意义，句子多用主动句来表示。西方哲学的"人为万物尺度"讲究物我分明，主客体对立。所以在西方人的思维中，该强调物时，就是客体意识，该强调人时，就是主体意识。体现在主动和被动的使用上，就是该强调"人"，即动作的执行者时，就用主动句；该强调"物"，即动作的对象时，就用被动句。

英语语言是形合语言，具有丰富的形态变化，特别是动词。英语的被动句由被动语态来表达，它由"be+ 动词"的过去分词构成，是显性的。汉语是意合语言，基本上没有形态变化，动词本身基本上也不具备被动语态，所以汉语被动含义的表达缺乏形态形式标志，是隐性的，是依靠其他的手段来实现的。

（一）英语被动句的翻译

1. 译为汉语带形式标志的被动句

英语的被动句如果表示的是不幸或不愉快的事，而且句中带有施事者，可以将其译为汉语的被动句,而用"被""给""让""叫""由""为……所"等词引出动作的执行者。英语的被动句也有不表示不幸或不愉快的事情，但句中有动词不定式、名词、形容词等表示主语的补足语，也可译为汉语的被动句。

例 1：A young man was shot yesterday by a man in a stocking mask.

译文：一位年轻男子昨天被一蒙面男子枪杀。

例 2：The young woman was abandoned by her husband.

译文：这个青年妇女叫她丈夫给遗弃了。

例 3：The patient is being operated on by the doctor.

译文：病人正在由医生动手术。

2. 借助汉语的词汇手段来表示英语的被动句

例 1：Our foreign policy is supported by the people all over the world.

译文：我们的对外政策受到全世界人民的支持。

例 2：Poets are born,but orators are made.

译文：诗人是天生的，而演说家则是后天造就的。

例 3：Private enterprise and industry were permitted and encouraged.

译文：私人企业和工业得到了许可和鼓励。

3. 译为汉语的意义被动句

英汉两种语言中都有意义被动句，它们的形式是主动句，但从逻辑意义上分析，却是被动句。但汉语中意义被动句比英语的意义被动句多很多，因此不少英语被动句可译成汉语的意义被动句。

例 1：Too many hooks have been written about the Second World War.

译文：关于第二次世界大战的书写得太多了。

例 2：His pride must be pinched.

译文：他这股傲气应该打下去。

例 3：On their domestic stations situation in the Middle East were dismissed briefly.

译文：在他们国内的广播中，中东形势只简单报道了一下。

4. 状语译为主语，原主语译为宾语的被动句

当被动句中有介词 by 引起的状语时，可将这种状语译成汉语的主语，而将原主语译为宾语。

例 1：The result of the invention of the steam engine was that human power was replaced by mechanical power.

译文：蒸汽机发明的结果是，机械力代替了人力。

例 2：By the end of the war 800 people had been saved by the organization.

译文：大战结束时，这个组织救了 800 人。

5. 译为汉语的泛指人称句

通过增加泛称主语如“人家”“大家”“别人”“有人”“人们”等，将英语被动句，尤其是“It is+Ved that”句型译为泛指人称句。

例 1：They were seen repairing the machine.

译文：有人看见他们在修理机器。

例 2：I did not recognize him until be was pointed out to me.

译文：我起先认不出他，后来等到别人指出才知道。

例 3：They were said to be building another bridge over the river.

译文：有人说他们正在这条河上建另一座桥。

6. 译为汉语的无主句

例 1：These instruments must be handled with great care.

译文：必须小心操作这些仪器。

例 2：Attention has been paid to the new measures to prevent corrosion.

译文：已经注意到采取防腐新措施。

例 3：It must be pointed out that China is a developing country and will never be superpower.

译文：必须注意到的是，中国是一个发展中国家，永远不会称霸世界。

7. 译为汉语的“把”字句

例 1：These questions should not be confused.

译文：不要把这些问题混在一起。

例 2：In the first battle of this period two divisions were disarmed and two divisional commanders were captured.

译文：第一仗就把敌军两个师解除武装，俘虏了两个师长。

8. 译为汉语的“进行句”

例 1：The dinner is cooking.

译文：饭正在做。

例 2：The firm is showing in cities.

译文：这部电影正在市内各电影院放映。

9. 常见被动式句型的译法

英语中有不少常用的被动结构，一般已有习惯的译法。例如：An account of... is given.（本文叙述……）；...be known as...（被称为……）；...considered to be...（被认为……，被看作……）；...be treated as...（被当作……）；It is said that...（据说……）；It is reported that...（据报道……），等等。

（二）汉语句子向英语被动句的转换

1. 将一些表示情感变化的主动句译为英语的被动句

汉语中表达由客观环境造成的处境、感受和情感上的变化，句子常用主动。而英语在表达这类情绪时，常用被动。

例 1：敌军官听说后路已被切断，吓得目瞪口呆。

译文：The enemy officer was stunned by the news that the route of retreat had been cut off.

例 2：知识分子的问题就是在这样的基础上提出来的。

译文：On such a basis has the question of the intellectuals been raised.

例 3：这件事感动了上帝，他就派了两个神仙下凡，把两座山背走了。

译文：God was moved by this,and he sent down two angels,who carried the mountains away on their backs.

2. 将一些汉语中的话题评说句译为英语的被动句

汉语中有一些话题评说句，其话题在语义上是受事，这类句子可以译为英语被动句。汉语中还有一些存现句，也可以译为英语的被动句。

例 1：国际争端应在此基础上予以解决，而不诉诸武力和武力威胁。

译文：International disputes should be settled on this basis,without resorting to the use of or threat of force.

例 2：城市改革的基本政策，一定要长期保持稳定。

译文：The basic policies for urban and rural reform must be kept stable for along time to come.

3. 将汉语中的一些意义被动句译为英语的被动句

例 1：这酒口感不错，与价格相称。

译文：This wine drinks well for its price.

例 2：那不行！前天董事会已经派定了用场。

译文：Nothing doing there，I’ m afraid. All the money was allocated to various uses at the board meeting the day before yesterday.

4. 将汉语中的无主句和泛指人称句译为英语的被动句

无主句是汉语中经常使用的句型。这类句子通常省略主语或隐含主语，处理这类句子最常用的方法就是将其译为被动句。泛指人称句指句中的主语是“大家”“人家”“有人”“他们”等的句子，这类句子主语所指不确定，其重要性不及宾语。因此，常将这类句子也译为被动句。

例 1：可以有把握地说，会议会如期召开的。

译文：It may be safely said that the meeting will be held on schedule.

例 2：弄得不好，就会前功尽弃。

译文：If things are not properly handled,our labour will be totally lost.

例 3：我们大家应当把地球作为一个整体去研究解决环保问题。

译文：The problem of environmental protection should be recognized and resolved in the light of that the earth is a whole subject.

5. 将汉语中一些被动句直接译为英语的被动句

这类句子主要有两种：一种是带被动标志如“被”“为”“叫”“给”“由”“为……所”等的被动句，另一种是借助词汇手段如“受（到）”“遭（受）”“蒙”“挨”“得到”“加以”“给以”“予以”等来构成的被动句。

例 1：社会上形形色色的人物，被区分得一清二楚。

译文：People of all sorts in our society have been clearly reveal for what they are.

例 2：他深受大家的尊敬。

译文：He is greatly respected by everyone.

例 3：我希望大会的各项决议终将得到各会员国，尤其是以色列的尊重。

译文：I hope the resolution of the General Assembly will at last be respected by Member States and by Israel in particular.

6. 将汉语中的“是……的”结构译为英语的被动句

汉语中的“是……的”结构用来说明一件事是怎样的，或在什么时间、什么地点做的，带有解释的语气。英译时，常常译为被动句。

例 1：那部科幻小说是我的一个朋友译成中文的。

译文：The science fiction has been translated into Chinese by a friend of mine.

7. 将汉语中的“把”字句和“使”字句译为英语的被动句

汉语中有一些“把”字句和“使”字句，根据表达的需要，可以译为英语的被动句。

例 1：把他们吓得魂不附体。

译文：They are scared out of their wits.

例 2 ：再经过十年的努力，到建党一百年时，使国民经济更加发展，各项制度更加完善。

译文：With the efforts to be made in another decade when the Party celebrated its centenary,the national economy will be more developed and the various systems will be further improved.

第二节　从句的翻译

一、定语从句

（一）限制性定语从句的翻译

限制性定语从句对所修饰的先行词起限制作用，与先行词关系密切，不用逗号隔开，翻译这类句子可以用以下方法。

1. 前置法

前置法就是将英语限制性定语从句译成带“的”字的定语词组，放在被修饰的词前面，从而将复合句译成汉语单句。这种方法常用于比较简单的定语从句。

例 1：Everything that is around us is matter.

译文：我们周围的一切都是物质。

例 2：That’ s the reason why I did it.

译文：这就是我们这样做的原因。

例 3：A man who doesn’ t try to learn from others cannot hope to achieve much.

译文：一个不向别人学习的人是不能指望有多少成就的。

例 4 ：The few points which the president stressed in his report are very important indeed.

译文：院长在报告中强调的几点的确很重要。

2. 后置法

如果定语从句的结构比较复杂，译成汉语前置定语显得太长而不符合汉语表达习惯时，可以译成后置的并列分句①。

第一，可以译成并列分句，省略英语先行词。

例 1：He is a surgeon who is operating a patient on the head.

译文：他是一个外科医生，正在给病人头部动手术。

第二，可以译成并列分句，重复英语先行词。

例 1：She will ask her friend to take her son to Shanghai where she has some relatives.

译文：她将请朋友把她的儿子带到上海，在上海她有些亲戚。

第三，融合法。融合法是把原句中的主句和定语从句融合在一起译成一个独立句子的一种方法。

例 1：There is a man downstairs who wants to see you.

译文：楼下有人要见你。

（二）非限制性定语从句的翻译

英语非限制性定语从句对先行词不起限定作用，只对它加以描写、叙述或解释，翻译这类从句时可以运用下列方法。

1. 前置法

一些较短的且具有描写性的非限制性定语从句，可以译成“的”字前置定语，放在被修饰词的前面。

例 1：The emphasis was helped by the speaker's mouth,which was wide,thin and hard set.

译文：讲话人那又阔又薄又紧绷的嘴巴，帮助他加强了语气。

例 2：He liked his sister,who was warm and pleasant,but he did not like his brother,who was aloof and arrogant.

译文：他喜欢热情快乐的妹妹，而不喜欢冷漠高傲的哥哥。

① 郭玥．英语翻译中定语从句的翻译技巧初探 [J]. 鄂州大学学报，2020，27（2）：35-36，53.

2. 后置法

后置法的处理主要有以下两种情况。

第一，译成并列分句。

例 1：After dinner,the four key negotiators resumed the talks,which continued well into the night.

译文：饭后，四位主要人物继续进行谈判，一直谈到深夜。

第二，译成独立分句。

例 1：They were also part of a research team that collected and analyzed data which was used to develop a good ecological plan for efficient use of the forest.

译文：他们还是一个研究小组的成员，这个小组收集并分析数据，用以制订一项有效利用这片森林的完善的生态计划。

（三）兼有状语功能的定语从句

英语中有些定语从句，兼有状语从句的功能，在意义上与主句有状语关系，说明原因、结果、目的、让步、条件、假设等关系。在翻译的时候应根据原文发现这些逻辑关系，然后译成汉语的各种相应的偏正复合句。

第一，译成原因偏正句。

例 1：Einstein,who worked out the famous theory of Relativity,won the Nobel Prize in 1921.

译文：由于爱因斯坦提出了著名的“相对论”理论，因此他于 1921 年获得了诺贝尔奖。

第二，译成时间偏正句。

例 1：Electricity which is passed through the thin tungsten wire inside the bulb makes the wire very hot.

译文：当电通过灯泡里的细钨丝时，会使钨丝变得很热。

第三，译成目的偏正句。

例 1：He wishes to write an article that will attract public attention to the matter.

译文：他想写一篇文章，以便能引起公众对这件事的注意。

第四，译成结果偏正句。

例 1：There was something original,independent,and heroic about the plan that pleased all of us.

译文：这个方案富于创造性，独具匠心，很有魅力，我们都很喜欢。

第五，译成让步偏正句。

例1：The question,which has been discussed for many times,is of little importance.

译文：这个问题尽管讨论过多次，但没有什么重要性。

第六，译成条件、假设偏正句。

例 1：The remainder of the atom, from which one or more electrons are removed, must be positively charged.

译文：如果从原子中移走一个或多个电子，则该原子的其余部分必定带正电。

二、名词性从句的翻译

（一）主语从句的翻译

主要有以下两种情况。

第一，以 what、whatever、whoever 等代词引导的主语从句可按原文的顺序翻译。其中，以 what 引导的名词性关系从句可译为汉语的“的”字结构或译成“的”字结构后适当增词。

例 1：Whoever did this job must be rewarded.

译文：无论谁干了这件工作，一定要得到酬谢。

例 2：What he told me was half-true.

译文：他告诉我的是半真半假的东西而已。

第二，以“it”作形式主语的主语从句，翻译时根据情况而定。可以将主语从句提前，也可以不提前。

例 1：It doesn’t make much difference whether be attends the meeting.

译文：他参加不参加会议没有多大关系。

例 2：It seemed inconceivable that the pilot could have survived the crash.

译文：驾驶员在飞机坠毁之后，竟然还活着，这似乎是不可想象的。

（二）宾语从句的翻译

以 what、that、how 等引导的宾语从句，在翻译时一般不需要改变它在原句中的顺序。

例 1：Can you hear what I say？

译文：你能听到我所讲的话吗？

（三）表语从句的翻译

同宾语从句一样，表语从句一般也可按原文顺序进行翻译。

例 1：This is what he is eager to do.

译文：这就是他所渴望做的事情。

例 2：That was how a small nation won the victory over a big power.

译文：就这样，小国战胜了大国。

例 3：This is where the shoe pinches.

译文：这就是问题的症结所在。

（四）同位语从句的翻译

一般情况下，同位语是用来对名词或代词作进一步的解释，其中单词、短语或从句都可以作同位语。在翻译时并没有对同位语的顺序作过多规定，一般可以保留同位语从句在原文中的顺序，也可以将从句提前。

例 1：It does not alter the fact that he is the man responsible for the delay.

译文：延迟应由他负责，这个事实是改变不了的。

例 2：He expressed the hope that he would come over to visit China again.

译文：他表示希望再到中国来访问。

此外，在翻译时，还可以采用增加“即”或“以为”，或用破折号、冒号将同位语从句与主句分开的方法。

例3：But it ignores the fact that,though pilots,we potentially were in as much danger of capture as any covert agent.

译文：但却忽略了这一点，即我们虽说是飞行员，却和任何潜伏的特务一样有被俘的危险。

三、状语从句的翻译

（一）时间状语从句的翻译

对于时间状语从句的翻译，这里以较为复杂的“when”为例进行说明。在翻译 when 引导的时间状语从句时，不能拘泥于表示时间的一种译法，要结合实际环境，采用不同的翻译方法。具体翻译方法有以下几种。

第一，译为相应的表示时间的状语从句。

例 1：When she spoke,the tears were running down.

译文：她说话时，泪流满面。

第二，译为“刚……就……”“一……就……”结构。

例 1：Hardly had we arrived when it began to rain.

译文：我们一到就下雨了。

第三，译为“每当……”“每逢……”结构。

例 1：When you look at the moon,you may have many questions to ask.

译文：每当你望着月球时，就会有许多问题要问。

第四，译为“在……之前”“在……之后”结构。

例 1：When the firemen got there,the fire in their factory had already been poured out.

译文：在消防队员赶到之前，他们厂里的火已被扑灭了。

第五，译为条件复句。

例 1：Turn off the switch when anything goes wrong with the machine.

译文：一旦机器发生故障，就把电门关上。

第六，译为并列句。

例 1：He shouted when he ran.

译文：他一边跑一边喊。

（二）条件状语从句的翻译

第一，译为表“条件”的状语分句。

例 1：If you tell me about it,then I shall be able to decide.

译文：如果你告诉我实情，那么我就能作出决定。

例 2：Presuming that he is innocent,he must be set free.

译文：假如他是无罪的，就应当释放他。

第二，译为表“补充说明”的状语分句。

例 1：He is dead on the job. Last night if you want to know.

译文：他是在干活时死的，就是昨晚的事，如果你想知道的话。

第三，译为表“假设”的状语分句。

例 1:If the government survives the confident vote，its next crucial test will come in a direct vote on the treaties May 4.

译文：假使政府经过信任投票而保全下来的话，它的下一个决定性的考验将是 5 月 4 日就条约举行的直接投票。

（三）原因状语从句的翻译

第一，译为因果偏正句的主句。

例1：Because he was convinced of the accuracy of this fact,he stuck to his opinion.

译文：他深信这件事的正确可靠，因此坚持己见。

第二，译为表原因的分句。

例 1：The crops failed because the season was dry.

译文：因为气候干旱，农作物歉收。

（四）让步状语从句的翻译

第一，译为表“无条件”的状语分句。

例 1 ：No matter what misfortune befell him,he always squared his shoulder and said:Never mind. I’ ll work harder.

译文：不管他遭受到什么不幸事儿，他总是把胸一挺，说：“没关系，我再加把劲儿。”

第二，译为表“让步”的状语分句。

例 1：While this is true of some,it is not true of all.

译文：虽有一部分是如此，但不见得全部如此。

（五）目的状语从句的翻译

第一，译为表“目的”的前置状语分句。

例 1：We should start early so that we might get there before noon.

译文：为了在正午以前赶到那里，我们应该尽早动身。

第二，译为表“目的”的后置状语分句。

例 1：He told us to keep quiet so that we might not disturb others.

译文：他叫我们保持安静，以免打扰别人。

第三节　长难句的翻译

英语中，由于连词、冠词和介词等功能词的作用和非谓语动词及谓语动词等结构形式的存在，使得英语句子的修饰成分相当复杂，可以是单词、短语，也可以是从句，而且这些修饰成分还可以一个套一个地使用。再加上英汉句子语序上的差异，如定语和状语修饰语的位置差异、句子的逻辑安排差异等，使得英语句子结构复杂，长句较多，有时一段可能只有一句话。对初学翻译的人来说，长句的确使人感到扑朔迷离，翻译起来无从下手。实际上，只要方法得当，长句的翻译并不难。

长句的翻译，关键在于理解分析。一般说来，对长句的理解分析可采用以下步骤：第一，通过语法分析，判断出句子是简单句、并列句，还是复合句。第二，具体分析句子结构成分。如果是简单句，找出句子的主干部分、定语和状语；如果是并列句，找出连接句子的并列连词，然后再具体分析各个并列分句的结构成分；如果是复合句，找出从属连接词，分清主从句，然后再分别分析主从句各自的结构成分。这样通过层层分析，将长句化繁为简，化整为零。翻译时，采用适当的方法，将长句用符合译语表达习惯的语言表达出来。但在表达时，需要注意英汉语言的差异，采用不同的翻译方法，灵活处理原文的结构。

一、英语长难句的翻译

英语长难句主要采用以下几种方法。

（一）顺译法

有些英语难长句所讲述的内容是按事件或动作发生的时间先后顺序或内在的逻辑关系排列的，与汉语的表达习惯基本一致。翻译时，一般可按原句的顺序译出。[①]

例1：After six months of arguing and final 16 hours of hot parliamentary debates,Australia’ s Northern Territory became the first legal authority in the world to allow doctors to take the lives of incurably ill patients who wish to die.

① 张建军，袁秀丽．英语长难句翻译策略研究 [J]. 山东农业工程学院学报，2020，37（2）：179−180.

译文：经过6个月的争论以及最后16个小时的国会辩论，澳大利亚北部地区成为世界上第一个允许医生对结束生命的绝症患者实施安乐死的合法政府机构。

（二）逆译法

英语中，有些句子的表达顺序与汉语的表达习惯不同，甚至相反，尤其是一些复合句，其主句一般放在句首，即重心在前，而汉语则一般按时间和逻辑顺序，将主要部分放在句尾，形成尾重心。对这些句子，翻译时宜采用逆序法，也就是从后向前译。

例1：Does it really help society,or the victim,or the victim' s family,to put in jail a man,who drove a car while drunk,has injured or killed another person?

译文：一个人醉后开车，撞伤或撞死了另一个人，就将这个人关进监狱，这样做，对社会、受害者或受害者的家庭是否真的有好处呢？

例2：You must fix in mind the symbols and formulae,definitions and laws of physics; no matter how complex they may be,when you come in contact with them,in order that you may understand the subject better and lay a solid foundation for further study.

译文：为了更好地学习物理学并为进一步学习打好坚实的基础，当你接触到物理学上的符号、公式、定义和定律的时候，不论它们多么复杂，你也必须把它们牢牢记住。

例3：In reality,the lines of division between sciences are becoming blurred,and science again approaching the"unity"that it had two centuries ago:although the accumulated knowledge is enormously greater now,and no one person can hope to comprehend more than a fraction of it.

译文：虽然现在积累起来的知识要多得多，而且任何个人也只可能了解其中的一小部分，但事实上，各学科间的界限却变得模糊不清，科学再次近似于两百年前那样的“单一整体”。

（三）分译法

英语句子重形合，汉语句子重意合，这是英汉两种语言句子结构根本差异之一。英语句子的各种成分前后都可有各种各样的修饰语，主从句之间有连接词，短语可以套短语，从句可以套从句，因而，英语句子长而复杂。汉语造句采用意合，少用或不用连接成分，叙事按时间或逻辑顺序安排，因而语段结构流散，语义层次分明。这就使得汉语中散句、松句、紧缩句、省略句或流水句较多，而长句较少。因此，英汉翻译时，往往需要根据意合的原则，改变原文的句子结构，化整为零，化繁为简，将原文译为并列的散句或分离的单句，以适应汉语的表达习惯，这就是分译法。分译法既适应于翻译单个的单词、短语，也适应于翻译简单句，还可以用来翻译长句或难句。

例 1：The number of the young people in the United States who cannot read is incr-edible:about one in four.（单词分译）

译文：大约有四分之一的美国青年人没有阅读能力，这简直令人难以置信！

例 2：The ancients tried unsuccessfully to explain how a rainbow is formed.

译文：古代人曾试图说明彩虹是怎样产生的，但没有成功。（单词分译）

例 3：Bad weather prevented us from starting.

译文：天气太差，我们无法动身。（短语分译）

（四）综合法

英语语言的表达习惯往往是将重点部分或概括部分放在句首，然后再分析叙述次要部分，而汉语则往往从小到大，按时间或逻辑顺序，层层推进，最后得出结论，突出主题。因而在英汉翻译过程中，使用前面所讲的几种方法的确可以解决很多问题。但实际上，英语中有很多长句，纯粹运用顺译法、逆译法或分译法，并不能解决实际问题。那么，在这种情况下，更多的是根据具体情况，并结合上下文，将这几种方法结合起来，或按时间的先后，或按照逻辑顺序，顺逆结合，主次分明地对长句进行综合梳理，这种翻译方法被称为综合法。使用综合法，可以灵活变通长句语序，使译文的句法通顺自然，更符合汉语的表达习惯和中国人的思维表达方式。

例 1：① People were afraid to leave their house, ② for although the police had been ordered to stand by in case of emergency, ③ they were just as confused and helpless as anybody else.

译文：尽管警察已接到命令，要作好准备以应付紧急情况，但人们不敢出门，因为警察也和其他人一样不知所措和无能为力。

原文共三句，而译文将第二句拆分成两个分句，使得译文共为四句。从逻辑上看，句②表示让步，句③表示原因，而句①则表示结果。

二、汉语长难句的翻译

汉语语言句子的特点呈现话题 - 评述结构。也就是说，汉语句子由于其逻辑语言的特点，句子的表达以“意尽为界”，没有语法形式的限制，句子的评述没有结束，句子可以一直延续下去，其中的意思只用逗号分开，这样句子就显得较长。而英语句子则不能这样，因为英语句子是主语 - 谓语结构。不管对主语的说明有没有完，一个句子有了主谓就可以断掉。因此在翻译汉语长难句时，应仔细分析汉语句子结构，弄清句中各层次间的逻辑关系，根据英语的表达习惯选择适当的翻译方法。

汉语长难句一般采取顺译、断句和合句这三种翻译方法来处理。

（一）顺译法

当汉英叙述层次一致时，可按原文顺序翻译，在需要的地方加上适当的连接词语。

例 1 ：这种制度实行相当长时间的总结果，就是只有一小撮富裕的资本家千方百计（大多是不正当地）搜夺了大工业、银行、铁路和造船此等的支配权，而且也搜夺了大部分自然资源，如煤、石油、铁、铜和木材。

译文：The general result of this system’ s operation over a long Period is that relatively a handful of rich capitalists have,by hook or by crook（most crook）,grabbed possession of big industries,banks,railroads and shipping lines,as well as most of the nation,s natural resources,such as coal,oil,iron,copper and lumber.

例 2：不一会儿，北风小了，路上浮尘早已刮净，剩下一条洁白的大道来，车夫跑得更快了。

译文:Presently the wind dropped a little. By now the loose dust had all been blown away,heaving the roadway clean,and the rickshaw man quickened his pace.

（二）断句法

翻译汉语长难句时，断句是最常用的一种方法。由于汉语长难句多为复句，包含层次较多，逻辑复杂，因此，翻译时可根据复句或句子间的逻辑关系，适当将句子分成几句来译，这样可以使结构利落，译文意思表达得更加清晰、明白，符合英语的表达习惯。

例 1 ：但他性情与人不同，不求名利，不交朋友，终日只是忙于自己的本职工作。

译文：He is,however,eccentric. He does not seek fame and gain,and doe not like to make friends. Every day he is only engaged in his own job.

例 2：她（刘姥姥）此时又带了七八分酒，又走乏了，便一屁股坐在床上，虽说歇歇，不承望身不由己，前仰后合，朦胧两眼，一歪身，就睡在床上。（曹雪芹《红楼梦》）

译文：Being still more than half drunk and tired from the walk,She plumped down on the bed to have a little rest. But her limbs no longer obeyed her. She swayed to and fro,unable to keep her eyes open,then curled up and fell fast asleep.

（三）合句法

由于汉语语言缺少形态变化和足够的关系词，因而，汉语组句只能依靠时间顺序和逻辑顺序来安排，行文也就一句一句地发展下去。而英语句子结构呈现叠床架屋结构。如按汉语结构直译，那么译文就会成为一个一个简单的独立句，相互之间没有联系。这不符合英语句子的结构特征。因此，翻译汉语时，不能看一句译一句，要对几个句子从意思上一起分析，根据英语句子结构灵活多样的优势，将逻辑上有关系的几个句子合起来处理，译成一个比较精练的英语句子。在汉语句子比较复杂、很难直译或破句时，常常采用合句手段来处理。

例 1：有个年轻人，名叫颜回，家里很穷，缺吃少穿，住的房子又小又破。

译文:There was a young man named Yanhui,who was so poor that his family lived in a small,dilapidated house with insufficient food and clothing.

例 2 ：经过多年的努力，我们国家已能用仅占世界百分之七的耕地，养活了占世界百分之二十二的人口，使十二亿人民基本解决了温饱问题。

译文：Now it has solved the problem of food and clothing to a point where it has managed to feed its 1.2 billion people,22 percent of the world’ s total population,with only 7 percent of the world’ s cultivated land.

第七章　英语语篇的翻译应用

第一节　语篇的特点

一、英汉语篇的共同点

自然语言的语篇，无论是英语还是汉语，都具有以下共同点。

（一）语义的连贯性

“完整语义”的语篇，必须是一个语义单位，应合乎语法，语义连贯，应有一个论题结构或逻辑结构，句子之间有一定的逻辑关系。语篇中的话段或句子都是在这一结构基础上组合起来的。一个语义连贯的语篇，必须具有语篇特征，它所表达的是整体意义。语篇中的各个成分应是连贯的，而不是彼此无关的。

（二）衔接手段相同

衔接是将语句聚合在一起的语法及词汇手段的统称，是语篇表层的可见语言现象。从语篇的生成过程来看，衔接是组句成篇必不可少的条件，从业已生成的语篇来看，是语篇的重要调整之一。在英汉两种语言中，语义的连贯都要靠种种衔接手段，即语篇组织（texture）。

（三）连贯和隐性连贯

衔接与连贯框架可分为显性与隐性两种情况：显性是体现于词汇、语法、结构等语言表层形式的，隐性则有赖于语境和语用因素蕴含的连贯。衔接是连贯的外在形式，连贯是衔接的内在意义，两者统一（显性连贯）又不统一，即并非凡有衔接就是真正连贯的语篇，无衔接的也可能是真正连贯的语篇（隐性连贯）。总之，语义连贯是语篇的实质，种种有形的衔接是其组织形式。单有衔接而无连贯不是语篇，两者皆备是显性连贯，有连贯而无衔接是隐性连贯。这种情况英汉语概莫能外，但又并非彼此对应，即英语的显性连贯译成汉语可能是隐性连贯，反之亦然。

连贯的语篇是思维连贯性的语言表现，而思维的连贯性就是思维的逻辑性，这是人类理智的共同特征和功能，是人与人之间的交流沟通、双语互译的根本保证。缺乏逻辑性或违背逻辑的任何语言符号既无意义，也产生不了真正的语言交际。因此，可以这样说，形成语篇的根本是逻辑，理解语篇的根本也是逻辑，一切语篇无不深藏着思维的逻辑。自然语言丰富多彩，种种语言变化无穷的语篇，之所以具有共性和相通性，关键就在于逻辑的普遍性，明确这一点是分析语篇、理解语篇的基础，也是英汉语篇对比的基础。也只有明确这一点，才会明白，语义相同的语篇，其衔接与连贯的不同只是语言形式上的，只有把握其内在逻辑的一致，才能保证语义内容的忠实传达①。

（四）文体的多样性

自然语言的千差万别，可以归为文体、体裁、语体和风格的不同，包括口头与书面、正式与非正式、不同语域和区域性的语体分别，不同时代的文风差异，诗歌、散文、小说、论述、应用等各具特色的体裁划分，因人而异的不同风格。如此多的文体多样性在英汉语言中同样存在，它们的分类也大体相同，而各种分类都能在译语中找到相对应的形式。

二、英汉语篇的基本差异

英汉语篇的基本差异有内在的思维和外在的衔接与连贯两个方面，内外相互影响，又相互独立。但一般说来，思维层面的差异是决定性因素。

第一，英汉语分别呈现直线形与螺旋式的特征，这从根本上讲是中西方各自重综合与重分析的思维习惯的体现。所谓直线形，就是先表达出中心思想，然后由此展开，后面的意思都由前面的语句自然引出。英语长句“叠床架屋”式的结构最典型地表明了这种思维逻辑。

例 1 ：But I would like to do the same with the acclaim too,by using this moment as a pinnacle from which I might be listened to by the young men and women already dedicated to the same anguish and travail among whom is already that one who will someday stand here where I am standing.（W. Faulkner，Acceptance Speech）

① 杨璐 . 新时代背景下英汉语篇分析的前沿探索 [J]. 北京科技大学学报（社会科学版），2021，37（1）：17–23.

译文：对于人们给予我的赞扬，我也想作出同样的回报：借此国际学界的最高盛会，请业已献身于同样艰苦劳作的男女青年听我说几句话，因为在他们中间，将来站在我现在所站的讲台上的人已经产生了。

汉语的螺旋式是以“起、承、转、合”为典型的，它先宣称主题之重要，然后展开反复的论述，最后回归到主题并对它再三强调。其根本特征显然是重复，乃至不厌其烦地强调，即词语和结构的复现与叠加。简短的语篇也常见这种现象。英汉语篇思维逻辑的差异继而造成两种语言语篇衔接与连贯方式的不同。上例译文中皆有体现。

第二，在语言构思方式和语言组织方式上，英语呈现形合特征而汉语呈现意合特征。形合和意合的区别就是语篇连贯的隐显不同。英语形合指英语必须含有体现词汇语法的显性衔接，也就是从语言形式上把词语句子结合成语篇整体。而汉语的意合则无须借助词汇语法的衔接手段，仅靠词语和句子内涵意义的逻辑联系或靠各种语境和语用因素，便能构成连贯的语篇。因此，英汉互译时，便常见隐显不一的情况。

第三，英汉语篇的差异还体现在两种语言在思维上还存在客体意识和主体意识的差别。中国人讲究天人合一、万物皆备于我，所以凡事凡物皆有很强的主体参与意识，语言表现多以“人”为主语。西方因注重个体思维，重视理性的分析而执着于主客体分离和区别，所以一方面以“人”这个主体为主语，但另一方面更多地抱客观审视的态度，以事物为主语，对之进行客观、冷静的剖析和描述，这就造成了英汉语篇主语或重心的差异。

例 1: It has been mentioned that Rebecca,soon after her arrival in Paris,took a very smart and leading position in the society of that capital,and was welcomed at some of the most distinguished houses of the restored French nobility.

译文：我曾经说过，利蓓加一到了法国首都巴黎，便出入上流社会，追逐时髦，出尽风头，连好些光复后的皇亲国戚都和她来往。

第二节　语篇的衔接与连贯

一、衔接

（一）英汉语言语法的衔接

语法连接指借助构造句子的语法手段，即标示词语之间结构关系的因素来实现语篇的衔接和连贯，这些因素可以是具有语法功能的词语，也可以是词语的特定语法形式，还可以是无特定词语的纯结构形式。

1. 英汉语言语法连接的差异

第一，英语语言的语法连接具有明显的显性连贯，而汉语的语法连接接近于隐性连贯。英语的显性连贯借助于形态变化和形式词，明显地标明词之间、词语之间、短语之间或小句之间等的语法关系。形态变化包括起构词作用的构词形态和表示语法意义的构形形态。英语有形态变化，而汉语中却没有严格意义的形态变化。英语中的形式词指用来表示词语间、句子中小句间和语段中句子间的关系的起连接作用的词。英语中起连接手段和形式的词不仅数量大、种类多，而且使用频繁。主要的连接手段和形式有介词、冠词、关系词（包括关系代词和关系副词）、连接词（包括并列连接词和从属连接词）和其他连接手段，如 it 和 there。汉语造句更注重隐性连贯，以意统形，少用甚至不用形式手段，是靠词语与句子本身意义上的连贯与逻辑顺序而实现的连接①。

形态变化包括：名词的单复数（feet、children、years、factories、hours），谓语动词的时态，数以及语态（boasts、is、touch、sells），代词（he、his），冠词（a slave、the moment、the children、the poor、the lash、the factories、a day），介词（of、to、under、in、for），连接词（that、the moment、and），一致关系（He-his，He-boasts、he-sells、his feet-touch）。

第二，英汉两种语言在语法连接手段上，都用语法手段，但各自所采用的具体方式却有所不同。例如，英语的时体形式在翻译时，汉语则要用替代方式。由

① 袁祖焕．英语语篇分析中的“衔接”与“连贯”[J]. 内江科技，2019，40（5）：95-96.

于英汉语篇在语法衔接手段上存在的差异，因此在英汉翻译时就需要恰当地进行语法连接手段的转换。英语（或汉语）用某种语法连接方式，翻译成汉语（或英语）则要靠词汇手段、逻辑手段或隐性连贯之类。

2. 英汉语篇在语法衔接的转换

（1）从时体形式上分析

英语的时体作为语篇衔接的语法手段。

例 1：Roger has finished the thesis. Caroline arrived from New York.

译文：罗杰完成了论文。因为卡罗琳从纽约来到了他身边。

例 2：Roger has finished the thesis. Caroline will arrive from New York.

译文：罗杰完成了论文。卡罗琳将从纽约来看他。

（2）从替代关系上分析

所谓替代，指用词语代替前文的某些词语，但不是指称性的一致关系，而只是具有同等或类似语义。替代主要有名词替代、动词替代和分句替代三类。替代在英汉语中都存在，且往往互相对应。但互不对应难以照译时，需借助其他衔接或连贯手段。

例 1：

A：I' ll have a cup of black coffee with sugar,please.

B：Give me the same,please.

译文：

A：劳驾，我要一杯加糖的清咖啡。

B：请给我也来一杯。

（3）从省略关系上分析

省略是用词汇空缺的方式达到上下文衔接的目的。语篇分析中也常将省略分为三类：名词性的省略、动词性的省略和分句性的省略。这三类省略多数是出于语法结构的需要。语法结构上的省略是英汉语篇衔接的常见形式。无论是英语还是汉语的语法结构上的省略，若无法忠实照译，都是以目的语的词语重复或替代来解决问题的。但名词性省略一般英汉语是一致的。

例 1：Take these pills three times a day. And you' d better have some of those too.

译文：这些药片一天吃三次。还有那些也最好吃一点。

汉译英中要特别关注的省略现象是汉语零位主语的问题。汉语的零位主语是汉语中的一种普遍现象，它与英语中的省略并非完全一回事。这是因为汉语不是主语突出的语言，组词成句是围绕主题而展开的。所以，汉语中主语有时无须出现，而读者自明。这时，汉译英就需要填补上。

（二）英汉语言词汇的衔接

词汇连接指的是语篇中出现的一部分词汇相互之间在语义上的联系，或重复，或由其他词语替代。词汇连接是运用词语达到语篇衔接目的的手段，它包括语义的重复再现和各种指称关系。英汉语篇的词汇衔接手段不仅总的具体方式可以说完全相同，而且几乎都能够对应照译，特别是在语义重复方面。但也有不一致的地方，在指称照应方面，不同要多些。

1. 语义重复

语义重复指运用同义词、近义词、上义词、下义词、概括词等所构成的词汇链。它包括完全相同的语义词汇的直接重复，具有各种语义关系的词的同现，以及具有因果、修饰等组合搭配关系的词的同现。

例 1：The recovery of organs does not begin until after the heart stops beating and death is certified by a physician not affiliated with the transplant program.

译文：器官的复原，应在心脏停止跳动、死亡已被与器官移植无关的医生证明之后，才能进行。

2. 指称照应

指称照应是语篇衔接的重要手段，它涉及人、物、事、时间、地点和词语等一切方面，既有对外部现实世界的外指，又有对语篇内语言要素的内指，既有回指又有下指。指称照应是为了语篇上下文的照应，形成一个照应性的系统，即一个意义完整、有机统一的语篇。英语和汉语在指称照应上的差异主要体现在人称指称和指示指称上。就英汉翻译而言，人称指称和指示指称是最具实践和理论价值的语篇现象。

人称照应在有些上下文中是至关重要的，尤其是英译汉。如果理解不正确，译文就会出现错误。

例 1：There are two classes of people:the selfish and the selfiess;these are respected, while those are looked down upon.

译文：世上有两种人：自私者和忘我者；忘我的人受到尊敬，而自私的人则遭鄙视。

（三）英汉语言的逻辑衔接

逻辑连接的差异是语篇内深层次的最普遍的连接，它是保证语篇的必备条件之一。逻辑连接也有显性与隐性之分。显性逻辑连接指使用了 and、but、then、for 等连接语的衔接，而隐性逻辑连接则指那些不使用连接语而靠语用、语境等实现的连接。就英语和汉语比较而言，逻辑关系总的来说是英汉相通的，即时空、因果、转折和表示相类同的推延等基本的逻辑关系是一致的。但是英语和汉语的逻辑关系有时也有差异，如英语的时空关系，汉译时常改为因果关系，反之亦然。总的说来，由于英汉连接语的差异和逻辑关系显性与隐性的差异，英汉翻译时，译者应选择正确的逻辑连接词或语，或隐或显，以使译文符合译语的表达习惯。

例 1：Where there is a will,there is a way.（空间关系）

译文：有志者，事竟成。（条件推断）

例 2：When Mr. Brooker,who had a license to carry a gun,drew his pistol to try to stop the robber,one of them fired a shot that killed him.（时间关系）

译文：布鲁克先生有执照，可以带枪，便拔出枪来想阻止这伙强盗，可是一个家伙一枪把他打死了。（转折关系）

二、连贯

在翻译中，如果一句一句孤立地看，有些译文似乎问题不大，但从通篇或整段来看，译文却犹如断线残珠，四下散落，没有贯穿连成一气的逻辑线索或脉络。究其原因，主要是忽视了原文中或明或隐的连贯性，没有在翻译中采取相应的连接和连贯手段，使译文不能成为一气呵成的有机整体。由此可见，连贯性在翻译中起着非常重要的作用。连贯是语篇中语义的关联，连贯存在于语篇的底层，通过逻辑推理来达到语义连接；它是将词语、小句、句群在概念、逻辑上合理、恰当地连为一体的语篇特征。连贯的语篇有一个内在的逻辑结构，从头到尾将所有概念有机地连接在一起，达到时空顺序明晰、逻辑层次分明的效果。

实际上，连贯总是和衔接密切相关的，它们都是构成语篇的重要特征之一。但这两个概念也有区别：衔接是通过词汇和语法手段得以实现的，而连贯可以借助信息的有序排列来达到。要实现语篇连贯，通常采用“明显”和“隐含”两种方法。前者与语篇的衔接有关，指运用词汇手段如连接词来形成连贯标志；后者指信息的合理排列，这是一种无标志的连贯。

例 1：Swiveling from languor to ferocity,from sorrow to sarcasm,from command to confusion,Pryce is a Hamlet for our time of cosmic jitter and colliding antitheses.

译文：普赖斯扮演的哈姆雷特，性格不断变化：一会儿心灰意冷，一会儿狂暴凶煞；一会儿满腔愁绪，一会儿讽世嫉俗；一会儿镇定自如，一会儿无所适从。他是我们这个高度紧张、激烈冲突时代的哈姆雷特。

在翻译过程中，译者最终提供给读者的是怎样一个语篇，这完全取决于译者对原文语篇内容的理解、结构的认识以及译语语篇的构建能力。从语篇连贯性而言，译者必须首先要充分把握原文，认清原文的逻辑层次和脉络，也就是说要对原文语篇的连贯结构有一个明确的分析和把握。这是保证译文具有连贯性的前提。其次在对原文语篇连贯结构的充分理解的基础上，译者要依照译文的连贯模式和规律对原文语篇进行重新构建。

译文连贯不当可表现在词或词组、句子内或句群内。

例如：That night he sat alone during dinner,careful,he later told us,not to “get in love’ s way” . But he glanced often in our direction,and we knew he was not alone…(Philip Harsham,Hello,Young Lovers)

译文 1：那天晚餐时，他一直独自坐着，小心翼翼地，后来他告诉我们，那是为了“不妨碍别人谈情说爱”。可是他不时朝我们这边瞟上一眼，我们知道他并不孤独……

译文 2：那天晚餐时，他一直独自坐着，尽量“不妨碍别人谈情说爱”(那是他后来告诉我们的)。可是他不时朝我们这边瞟上一眼，我们知道他并不孤独……

原文中的两句话是靠“but”连接起来的，而且第一句中的“he later told us”明显是一句插入语。翻译时如果处理不当，必然会影响读者对两句之间关系的理解。译文 1 混淆了时间概念，会让读者以为“可是……”一句的动作不是发生在“那天晚餐时”，而是发生在“后来”。译文 2 将原文的插入语放入括号内，加强了两句的联系，也避免了时间概念上的混淆。

总之，翻译过程不仅仅是一种语言符号的转换过程，而且还是逻辑关系的转换过程，也就是连贯结构的重新构建过程。从本质上来看，这一过程涉及思维的转换过程，也就是说，译者的思路要经历一个从原文连贯结构到译语连贯结构规范的转换。这种转换体现着两种语言、两种文化的思维定式的对应、对照，甚至冲突，这就需要译者在思维方式上进行调整、变通，并把这种调整在译语语篇的连贯结构中具体表现出来。

第八章　英语修辞格的翻译应用

第一节　修辞格的特点

一、修辞格概述

英语中对修辞的定义是为说服或影响他人而用词说话或写作的艺术。时间图书词典明确将修辞看作“在演讲或写作中为说服或影响别人而使用词的艺术”。在古代西方，演讲人为了吸引听众而讲究用词艺术以提高演讲的效果，这种演讲的传统自古传今。而在诗学及修辞学中，西方人明确提出了比喻等修辞手段和风格的概念。

西方的古代哲学家、语言学家，尤其是近现代的哲学家、语言学家都从各自的研究领域或方向对语言的修辞给予了一定的阐述或将其意思隐含在其表述中。例如，在英国哲学家奥斯汀创立的言语行为理论中，其中一条是言外行为，它是指以言行事，即表明说话是为了达到影响他人或约束自己的目的；美国哲学家格莱斯创立的合作原则中有一条准则是关联准则，它要求说话人要贴切；美国语言学家派克从语调的意义出发将说话人在词义之外对话语所加的态度和感情看作修饰句子或短语的词汇意义，等等。国内的一些学者也从不同的角度对修辞的特性进行了阐述，如修辞是言语行为，言语行为的目的是交流，交流是为了信息和情感的互动，互动就是在平等的基础上的沟通，而沟通就要对话；吕熙先生则将修辞浓缩为语言的准确、鲜明、精炼、生动、深刻，等等①。

中文“修辞格”这个术语可以追溯到1923年，当年唐钺先生著的《修辞格》出版发行，随后1932年陈望道在自己著的《修辞学发凡》一书中将此术语广泛使用并推广。

---

① 姜冰．英语修辞格的审美和功能[J]. 英语广场，2018（12）：6-7.

二、修辞的特点

从修辞的结构上看，其特点与种类分为四种。

第一，描述体描述对象体。所谓描述体是对对象体表示形象的修辞体，而对象体是被描述的对象。

第二，换代体换代本事体。所谓换代体是一种从正面、侧面、反面临时换代本事体的修辞体；而本事体是固有的、隐而未说的，与换代体在内容上相同的修辞体。

第三，引导体引导随从体。所谓引导体是指两个或两个以上的修辞语句的先行语句，而随从体是引导体的随从，受引导体的引导和支配。换句话说，就是引导体怎么引导，随从体就怎么随从。

第四，变形体变形原形体。所谓变形体是通过增加或减少等手段，对原形给予结构形式的变化；不是变得面目全非，而是对原形体给予全部、部分形式的保留；而原形体是指原有语句结构未经任何改变的修辞体。

以上四点将修辞格的基本特征、特点、内容全部涵盖在里面，比较全面地反映了修辞格各种结构的形式。

从特性上看可以分为三种：具有动人的表达效果，具有特定的结构模式，具有稳定性、发展性。

纵览中外语言修辞特点，其共同点为化平淡为新奇，化呆板为鲜活，化枯燥为生动，化冗杂为洗练，化晦涩为明快，化一般为艺术，激发联想，唤起美感，娱人耳目，增强表现力、说服力和感染力，做到语言形式与表现内容完美和谐的统一。

第二节　常用修辞格的运用

一、比喻

比喻分为明喻（simile）、暗喻（metaphor）和借喻（synecdoche）。它由三个要素组成：本体，指被比较的事物；喻体，指用来做比较的事物；喻词，指连接本体与喻体的词。明喻就是两者之间存在着明显的比喻，用“像，好像，仿佛，像……一样”等字眼来表示。暗喻就是两者之间的关系不太明显，看不出是在打比方，而实际上是在打比方，常用“是，就是，等于”等词来表示。借喻是用喻体来比喻。

英语修辞中的称谓与汉语的略有不同，不能完全一对一地对照着使用，英语的 simile（明喻）与汉语的明喻基本相同，都是用某一事物或情境去比喻另一事物或情境，在英语的 simile 构成中，三个要素也是缺一不可的，即本体（subject 或 tenor）、喻体（reference 或 vehicle）、喻词（indicator of resemblance）。英语的喻词用 as、like、as...as...等。比如：as gay as a lark/bird（像百灵鸟一样快活），as sudden as an April shower（像四月的阵雨一样突然），as crazy as a bedbug（像臭虫一样疯狂），as brave as a lion（像狮子一样勇敢），as gentle as a lamb（像羔羊一样温顺），as proud as a peacock（像孔雀一样骄傲）。

但英语里的 metaphor（隐喻）则兼有汉语中的暗喻和借喻的特点，即均将甲物当作乙物来比喻，表达方式为甲是乙。比如：a rat leaving a sinking ship（不能共患难的人）；a rat in a hole（瓮中之鳖）；a black sheep（害群之马）；a snake in the grass（潜伏的危险）；a bull in a china shop（莽撞闯祸的人）；make a duck' s egg（得零分）；wake a sleeping wolf（自找麻烦）；hold a wolf by the ears（骑虎难下、进退两难）；keep the wolf from the door（免于饥饿、勉强度日）；rain cats and dogs（下倾盆大雨）。

二、比拟

比拟分为拟人（personification）与拟物（plantification）两种。拟人是将人以外的事物当作人去写的手法；而拟物则相反，是将人作为物或把一种事物当作另一种事物的手法。

英语中的拟人与汉语的拟人相同，都是将事物赋予人的动作、言行、思想及情感。但英语中的拟物是通过象征（metaphor）来表现的[①]。

例 1：田里现在还只有干裂的泥块，这一带，现在是桑树的势力。

译文：The unplanted fields as yet were only cracked clods of dry earth;the mulberry trees reigned supreme here this time of the year.（拟人）

例 2：The crocodile in the river thought hard and finally he had an idea.

① 卢静．英语语言文学中的常用修辞手法分析 [J]. 农家参谋，2019（23）：292.

译文：河里的那条鳄鱼冥思苦想，最后终于想出了个主意来。（拟人）

三、借代

顾名思义，借代就是借那些与人或事物有密切联系的事物来代人或事物的一种修辞手法。由于借代在代表某类人和事物时具有独特的或明显的或典型的特征，故一提到这类人或事物时人们就很自然地联想到它所指代的另一类人或事物。英语中表示借代修辞的方法通常为换喻(metonymy)或举隅法、提喻法(synecdoche)。

例 1：The pot should not call the kettle black if it’s got soot itself,you know！

译文：要正经除非自己锅底没有黑。

此句用“锅底”代历史行为，用“黑”代污点、不检点。

例2：He was promoted from the grey-collar to the white-collar in the shortest time last month.（metonymy）

译文：句中用 grey-collar 代体力劳动者，通称灰领；white-collar 指脑力劳动者，通称白领。前者属服务行业工人，后者属机关职员。

四、夸张

夸张是指对事物的全部或部分进行过分的、言过其实的描述。这样做是为了突出或夸大某事物以吸引对方或炫耀自己。当然夸张不只是一味地夸大，也有相反的情况，对某事进行缩小的描述。英语的夸张（Hyperbole）与汉语的夸张意义相同，都是突出事物的本质以给人留下深刻印象。

例 1：叶子和花仿佛在牛乳中洗过一样。

译文：The lotus leaves and flowers seem to be washed milked.

用“牛乳”来夸张，叶子和花不是在一般的水中洗过，而是在牛乳中洗过，以此来增强读者对月色下荷塘里的叶子和花的感受与印象。

五、对比

对比是指通过语言将客观事物中的相互对立的矛盾体、对立面再现的过程。恰到好处地运用对比修辞的手法能增强文章的色彩，在对比中突出事物的特征、本质。英语中的对比，其特征也是将两个正反方面或一个事物相互对立的方面放到一起描述的过程。它要求作者在运用此修辞时应遵循对立、对仗等特征。

例 1：United we stand,divided we fall.

译文：合则存，分则亡。

united 与 divided 相对比，stand 与 fall 相对比。

六、反语

反语（irony）就是用意义完全相反的词语去表达原本想表达的意思。此修辞格在中英两种语言文化中意义相同。人们通常采用正话反说或反话正说的方式，不过，英语的反语比汉语的含义要广些。这是因为英语里除了人们常用的语言反语（verbal irony）外，还包括戏剧反语（dramatic irony）和情景反语（situational irony），而它们是戏剧表演中的反语修辞，已超出人们所谈的修辞格范围。英语中的反语运用需要读者根据上下语境来进一步解读。

例 1：

A：The boy has broken another glass.

B：A fine thing！

译文：

A：这男孩又打碎了一个杯子。

B：打得好呀！

本来这段对话中 A 说话时是带着某种埋怨并希望 B 能批评孩子，没想到 B 却反其道而行之，A 不但没有得到 B 的响应，B 反而说出 A 意想不到的话来。此时 A 并未理解 B 说话的意思，B 是故意用反话来回应 A。事实上 B 并不是听到 A 说男孩打碎杯子而真的高兴，不是真的打心眼里看着孩子打碎东西而快活，B 只是说气话，这种气话是通过反语正说的方式来表达的。

七、双关

双关（pun）是指一个词语或一句话涉及两个方面的意思，一个是表面词语的意思，另一个是其隐含的意思。运用双关修辞格的人往往是以其隐含意思来展示其想表达的意思及意图，即言在此而意在彼。运用恰当会使语言生动有趣。英汉语中的双关都可分为谐音双关（homophonic puns）和语义双关（homographic puns）两种。谐音双关是将词义不同的谐音词组合在一起的修辞用法。而语义双关就是指根据一词多义的特点而构成的双关。

例如：On Sunday they pray for you and on Monday they prey on you.

这句英语用了“pray（祷告）”和“prey（榨取、掠夺）”两个词谐音双关。但译成中文时如何译，是译成表面意思还是译成隐含意思呢？因为两者是有很大区别的，语义感是不同的。第一种译法是从词的表面意思上翻译，即“周日（今天）他们为你祷告，周一（明天）他们就向你榨取”。第二种译法我们取其义翻译，即“表面一套，背后一套”。从语感上看第一种译法显然不如第二种译法强烈，第二种译法给读者的感觉更深刻、逼真，直截了当地揭开了伪善者的面纱，向人们揭露了他们的真面目。因此，双关语的翻译常使译者头痛终日，难求一解。有时可借用原文的词语，有时要变通处理，或增添译注，或改用其他等值的双关。

八、婉曲

婉曲也称委婉（euphemism），是以转弯抹角的方式来暗示说话人原本的意思而不是直接说出事情或人物的本质。中外作家诗人在其作品中广泛使用。不同的人在使用婉曲时所表达的效果是有差异的，有的人想借此增加语言的力量，有的人是为了不伤及他人或对方，这样对方可在一定程度上能够接受其观点。汉语的婉曲可分为婉言和曲语，英语中的委婉语通常是说话人不以令人尴尬的语言或粗鲁的语言，而是以含蓄的、温和的语言表达其原意。

例 1：Millions of heroes have laid down their lives for the liberation of mankind.

译文：无数英雄志士为了人类的解放事业献出了生命。

短语“lay down one’ s life”表示牺牲（自己的）生命，为人类的解放而献身，比直接说死要好听得多、委婉得多。

九、拈连

拈连指说话者将适用于某人的词语，顺势用在另一人身上。它分为全式拈连和略式拈连两种。拈连，顾名思义，就是将两件事物用拈连词语连起来。这种修辞在汉语文学作品中广泛运用，与英语 zeugma（轭式搭配）相同。英语轭式搭配是用一个形容词来修饰两个名词或一个动词支配两个名词，把原本相互不关联的词语联在一起以表示一个更深刻的含义，增强语言的感染力。

例如：He caught a cold and a bus.

在此句中，感冒与公共汽车本是不相干的两个方面，但用 catch 这个词便将它们串联起来，以幽默的笔触勾勒出他是个弱不禁风的人，费了好大的劲才赶上了公共汽车，但由此得了一场病。如果此句以中文的拈连法翻译的话，即“他赶上了公共汽车，所以也就赶上了一场感冒”。用“赶上”将两件事连在一起，而第二个“赶上”则是信手拈来的，表现出作者的匠心及诙谐的笔调。不过从英语的词语搭配中我们注意到，这种搭配的特点是，动词后有两个名词，而且都搭配得顺畅，构成一种自然组合。但并非所有的组合都是这样，例如:“Weeping eyes and hearts”不能直译为“流泪的眼和心”，这时需要采用变通译法，采用并列及排比的译法比较合适，即“一双双流泪的眼睛，一颗颗哭泣的心灵”。

十、对偶

对偶（antithesis）指将意义相关、结构相同、上下字数相等的部分对称地排列在一起以表示一个完整的意思。中文里的对偶要求出句与对句要平仄相对、词性相对，上半句与下半句必须各自独立，然后形成一对平仄律，让读者读起来十分悦耳。按类型分，对偶可分为正对、反对和串对。但从结构上看，它又可分为严对与宽对。英语的对偶与汉语中的对偶在组词时很相似，即上下对应、字数相同、意义相对，表示一种对比或对照的关系。

例 1：Man proposes,God disposes.

译文：谋事在人，成事在天。

“Man”与“God”对应，“propose”与“dispose”对应，字数相等。有英语的对偶句尾音节押韵或尾音相同。例如，going 与 staying，propose 与 dispose。

十一、排比

排比（parallelism）是指将两个或两个以上的结构相同，字数大体相等，意义相近的语句用于表达相似或相关内容。排比由小到大可分为词的排比、短语的排比、句子的排比。

英语的排比与汉语的排比修辞相同，给人以整齐划一的美感。

例 1：Thus we hate what threatens our person,our liberty,our privacy,our income,our popularity,our vanity and our dreams,and plans for ourselves.

译文：我们的身体，我们的自由，我们的隐私，我们的收入，我们的人缘，我们的虚荣，我们的梦想以及为自身所作的各种安排，凡此种种受到威胁，我们就会仇恨。

在这个英语句子里共用了八个排比词语，由此使得这段内容更为明晰、强烈，语言更有气势，翻译应体现出排比句。

十二、层递

层递（climax）是指采用结构相似，依轻重或大小递增或递降展现事物的过程的方式。英语叫 climax，它是由表及里，层层深入的过程，具有紧密的逻辑关系。

例 1：这是家庭的毁灭，道德的沦丧，国家的崩溃。

译文：It was the ruin of the family,the uprooting of moral,the destruction of the nation.

这句的递进关系是由小到大的进程关系，先小家后大家，层次分明，论述明确，印象效果深刻。

十三、反复

反复（repetition）是指词语或句子的重复，其功能在于加强语气，突出内容，引起人们的关注、情感。其在诗、小说、散文等体裁中广泛使用。英语的 repetition 与汉语的反复相同。

例 1：欲说还休，欲说还休。你可能就是要制造这种藕断丝连的效果。

译文:You wanted to say it,but you did not. You wanted to say it,but you never did！It seems you just wanted to create a broken relationship that is not totally broken.

十四、移就

移就（transferred epithet or hypallage）是将应该修饰一事物的词移到修饰本不该修饰的另一事物上。其特点是移来修饰事物的形容词通常是修饰人的，从而达到增加语言艺术的效果。

例 1：I threw a nervous glance at my son.

译文：我紧张地看了一眼儿子。

这里的移就体现在形容词“nervous”上，它本来是修饰人的，现在用来修饰 glance。它们之间的组合搭配不是常规的，因而这种词语的搭配是一种暂时的语言迁就，是为了达到某种效果而使用的。

第九章　英语各类语体的翻译应用

第一节　新闻语体的翻译

一、新闻语体的含义

简单来说，新闻就是以报刊、广播、电视等大众传播工具为依托，向公众传播的信息。由于文化、价值观念和意识形态存在差异，人们的观察视角和侧重点不同，人们对新闻的界定也是纷繁杂芜的，尚无完全认可的、统一的新闻界定。美国出版的《韦氏新大学词典》（第 9 版）给新闻下了一个非常简明的定义：a report of recent events（最近事件的报道），material reported in a newspaper or news periodical or on a newscast（在报纸、新闻期刊或新闻广播中所报道的材料），matter that is newsworthy（有新闻价值的内容）。

新闻语体即在新闻中使用的语体。在英美国家，新闻一般根据纪实性被分为软新闻（soft news）和硬新闻（hard news）。简讯（news brief）、新闻报道（straight news）和深度报道（indept reporting）被称为硬新闻，而评论（comment）和特写（feature）则被称为软新闻。在汉语中，新闻包括消息、通讯、新闻特写、深度报道等。

二、新闻语体的特点

（一）语言大众化

新闻的受众非常广泛，上至各领域的高官学者，下至各阶层的黎民百姓，无一不是新闻的消费者。因此，为了适应多层次的消费者需求，新闻通常使用大众化的语言，以迎合广大群众的口味，缩小新闻与读者的距离，使新闻读起来有亲切感。而新闻语言的大众化主要体现在口语和俚俗语的使用上。

例 1 ：Despite the progress China has made in reducing poverty and increasing life expectancy and literacy,rural citizens in China still have less access to basic public services than city dwellers,the U.N. Development Program said.

译文：联合国开发计划署称，在减少贫困、提高人口平均寿命和识字率等方面，中国取得了很大进步。不过，与城市居民相比，为农村居民提供的基本公共服务还是较少。

在这则新闻里，新闻创作者使用了口语“rural citizens”（农村居民）对应“city dwellers”（城市居住者），而使新闻更接近群众，更容易被读者接受。

（二）语言简洁

为使用最少的版面，用最少的时间，使大众获得最丰富的信息，汉语和英语新闻的语言都尽量使用简洁的语言，做到简明扼要、言简意赅，用最少的文字表现最丰富的内容。这一点，在汉语和英语新闻的标题上，更是有突出的表现。

首先，汉语新闻和英语新闻偏爱用短词以使文字简练。其次，为了简洁，汉语新闻倾向于使用缩略语和简称。最后，汉语和英语新闻都尽力在句式结构上也做到简洁。

出于这个目的，英语新闻经常使用分词短语、介词短语、名词短语、不定式短语等代替从句，使句子的结构更加简单、明了，使新闻的叙述更加清楚，从而使新闻接收者的思路也更加清晰。这样新闻就更容易在短时间内被受众理解、接收。

（三）用词灵活、新颖

新闻的目的是吸引大众的眼光，让大众了解国际国内最新发生的事件。出于宣传和吸引目光的目的，新闻的用词力求新颖、别致、标新立异。地名、建筑名，以及其他领域一些术语的借用是新闻的用词灵活、新颖的一个重要体现。除此之外，新闻的用词灵活、新颖还体现在一些新词的杜撰和使用上。

不论在汉语新闻还是英语新闻里面，我们都可以看到一些地名或者建筑名被用来借指一些国家的政府或者机构。例如，在英语和汉语新闻里白宫（White House）经常用来代指美国政府，而五角大楼（Pentagon）则常用来代指美国国防部。再如，美国首都“华盛顿”用来代指美国政府，而中国首都“Beijing”则用来指中国政府。

新闻词汇求新的另一个途径就是使用和杜撰新词。由于新闻的性质，它对社会生活中出现的新事物、新变化，以及科学技术的新成果、新理论总是最为敏感的，并以最快的速度加以反映。这也使得新闻中新词语的频繁出现。例如，在汉语新闻中出现的“乡村振兴”“素质教育”“春运”等。在英语新闻中由于英语构词法的特点，新词更是频繁出现，例如 e-mail、e-book、ebay、teleconference 等。

（四）善用修辞

为了使新闻报道生动、形象，英语和汉语新闻都非常善于使用修辞手法，借助生动、浅显、妙趣横生的语言来阐释那些读者感到深奥、晦涩的名词、术语，使新闻在不失真实性的同时让读者增长知识。

例 1:《蒙娜丽莎》日显苍老,“整容手术”迫在眉睫。巴黎卢浮宫博物馆馆长说,《蒙娜丽莎》的芳容正日益呈现出“老态”，同时他还宣布要对这幅有着 500 年历史的名画进行科学研究。

译文:Ageing Mona Lisa worries Louvre.The Mona Lisa is showing her age,museum curators in Paris said while announcing a scientific study of the 500-year-old masterpiece.

此句运用了拟人的手法把《蒙娜丽莎》这幅画像的破损比喻为“日显苍老”和呈现“老态”，把画像的修补术比喻为“整容手术”，从而使新闻的叙述更加浅显、生动，更容易被群众接受。

（五）英语新闻中时态的活用

英语新闻为了给读者一种现实感和新闻的及时感，经常用一般现在时表示过去。这种时态的活用在新闻的标题里出现的频率非常高。

例 1：Astronomers Find “Hot” Vortex on Saturn.

Astronomers using a giant telescope atop a volcano have discovered a hot spot at the tip of Saturn’s south pole.

译文：土星上发现“温暖”的极地涡流。

天文学家们使用巨型望远镜在一座火山顶上观测太空，结果发现土星南极顶端有一个“热点”。

同时，英语新闻的标题中，还时常用现在时表示将要发生的事情。

例 2：Stars rock Bangkok for tsunami relief.

World entertainment giant,MTV Asia,will hold a star-studded concert today（Thursday）to raise money for the tsunami relief effort.

译文：众星云集孟买，为印度洋海啸赈灾。

世界娱乐界巨头——亚洲音乐电视，将在今晚（星期三）举行一场众星云集的音乐会，以筹集资金为海啸赈灾出力。

三、新闻语体的翻译

（一）新闻语体标题的翻译

1. 灵活采用直译与意译

对于翻译到底是采用直译还是意译这个问题应该灵活地处理，该直译的就直译，该意译的就意译。新闻英语标题的翻译也不例外，应在准确理解原文的基础上准确翻译。如果英语标题的含义明白、直接，译成汉语以后中国读者不至于产生理解上的困难，则可直译或基本直译。例如，Ugly Duckling N–Ship at Last Gets Happy Home（丑小鸭核动力船终于找到安乐窝）。这个标题采用了直译的手法，译文言简意赅、主题鲜明。安徒生童话中的“丑小鸭”已经成了备尝辛酸终获幸福的代名词，该标题之下的相关报道讲述的是某国唯一的一艘核动力船，因许多国家担心核污染而拒绝让其靠岸，所以只得在海上到处漂泊，历经周折之后最终被获准在一港口停泊。原文标题中以调侃的语气巧妙地将这艘核动力船比喻成“ugly duck”（丑小鸭），而将最终接纳该船只的停泊港比喻成“happy home”（安乐窝），因为中国读者对“丑小鸭”也十分熟悉，所以译者大胆采用了“拿来主义”的直译手法，让读者一看就明白怎么回事，从而使标题蕴含的新闻信息更加鲜明生动[①]。

但是，大多数情况下，英语新闻标题有其鲜明特色，完全直译往往会损害阅读效果。

例 1：Olympics Begin in Style;Swimmer Takes 1st Gold.

译文：奥运盛大开幕，泳将喜夺首金。

例 2：Looking Back to Look Ahead.

译文：回首往昔，展望未来。

以上两个标题都采用了直译和意译相结合的方式，译文显得自然流畅。它们不仅贴切地体现了标题的原意，而且富有汉语新闻标题的典型特征：工整对仗，文采绰约。如果采用完全直译，那第一句的标题就要译成“为了展望未来而回首

---

① 金蒻 . 英语新闻标题的特点与翻译 [J]. 公关世界，2021（20）：127–128.

往昔”或是“回首往昔以展望未来”，但这样译文的阅读效果就会大打折扣。

2. 灵活处理原文中的修辞

新闻标题为了更加引人注意，往往会通过运用各种修辞技巧来达到效果。译者在进行翻译时要尽可能地体现原文修辞特点，使译文和原文在修辞上达到或基本达到吻合。

例 1：After the Booms Everything is Gloom.

译文：繁荣不再，萧条即来。

这则新闻标题采用了押韵的修辞手法，使得新闻标题变得生动活泼。其中的“Boom”和“Gloom”构成尾韵，而汉语译文巧妙地通过“再”和“来”这两个字颇为理想地达到了押韵的效果，读起来生动有力，朗朗上口。

例 2：Soccer Kicks off with Violence.

译文：足球开踢，拳打脚踢。

这则标题采用了双关的修辞手法。双关语的运用常常能取得幽默的效果。“Kick off”在足球比赛用语中原指“开球”，但与后面的“violence”一词并用，又立即在读者头脑中映出一幅拳打脚踢的景象来，因而读来能使人回味，而回味之中又能令人哑然失笑：原来比赛双方一开球就打起来了。基于这样的理解，将该标题译作：足球开踢，拳打脚踢。这样翻译既完美再现了源语的双关修辞手法，又使得译文前后押韵，达到了幽默的效果。

3. 灵活添加注释

由于中西方文化不同，其思维方式也随之存在很多不同。这就要求译者在翻译标题的过程中应当充分考虑到不同文化和不同读者阅读心理之间的区别，对一些可能不熟悉的信息、文化背景知识以及表达方式进行必要的变通或阐释，酌情加上逻辑主语或新闻人物的国籍、消息的事发地点等补充信息。

例 1：Lewis,Xie Voted World’ s Top Two.

译文：路（易斯）谢（军）当选世界十佳（运动员）前两名。

上述这则标题中的背景注释言简意赅地把有关新闻人物的情况在逻辑上或语义上有所缺损的信息完整地介绍给了读者，方便读者理解。可见，标题翻译过程中适当的解释有时是很有必要的。

4. 套用中外诗词名句

汉语和英语中都有一些脍炙人口的诗词熟句或名言名句，在翻译英语新闻标题时，酌情借用、套用读者耳熟能详的诗词熟语，很容易唤起读者的亲切感。

例 1：Bush Daughters Reach Legal Age To Drink.

译文：布什双娇初长成，酒巷从此任纵横。

例 2：Singaporean Film Star Gives Part of Liver to Save Dying Lover.

译文：若为爱情故，肝脏也可抛。

这两个新闻标题的译文都套用了读者耳熟能详的名句，这就比较容易引起读者的阅读兴趣。第一例译文标题模仿了白居易的长篇叙事诗《长恨歌》中的“杨家有女初长成，养在深闺人未识”这一名句。另外，译文标题之所以把原文中隐含的“从此可以畅怀痛饮”这层意思点破，是因为对美国读者来说，“达到法定饮酒年龄”（reach age to drink）这句话本身就足以产生这两姐妹从此可以豪饮的联想，说得过于直白反而少了韵味。但对大多数缺少这一新闻背景的中国读者来说，同样一句话不可能引起同样的联想。第二例标题的译文由眉题和正题两部分组成，其中眉题部分系套用了匈牙利诗人裴多菲的“若为自由故，两者皆可抛”这一名句并略作改动而成。这样翻译就引出了一个原本就很感人的爱情故事，在相当程度上传达了原题情真意切的意蕴。

（二）新闻语体导语的翻译

导语是对全篇新闻内容的概括，也是新闻的精髓，可以直接作为一则浓缩的微型新闻。导语通常开门见山地昭示新闻内容，一般涵盖了新闻的重要因素，会告诉读者何时、何地、何人发生了何事，有时还会告之因何而起、有何结果等。可见，导语概括出来的要点实际上是浓缩的消息，是整条消息中最关键的句子或段落，能帮助受众了解新闻的主要内容。导语是一篇报道能否吸引受众、获得成功的关键，是体现新闻价值的重要部分。新闻英语导语有不同的分类方法，下面我们就根据这些分类介绍导语的具体翻译方法。

1. 硬新闻导语和软新闻导语的翻译

（1）硬新闻导语的翻译

硬导语是指开门见山地列出新闻要素的导语，其特点是更倾向于程式性叙述，可以包括概括性导语、要点式导语、标签式导语、橱窗型导语等。英语硬新闻导语一般崇尚简洁，直截了当，突出重点要素。在翻译时，我们一般宜采用直译的方法，在不影响内容的前提下可适当调整语序，以符合汉语的表达习惯。

例 1：Three Chinese students are confirmed killed in early Monday’s deadly fire at a Moscow university,according to latest information from the Chinese Embassy in Moscow.

译文：据中国驻莫斯科大使馆最新消息，星期一早上莫斯科一所大学发生的一场致命的大火中已确认有三名中国留学生丧生。

这是典型的硬新闻导语，导语仅 25 个单词，将事件发生的时间、地点、后果及消息来源等信息交代得清清楚楚。我们在翻译时基本上可采用直译的方法。

（2）软新闻导语的翻译

英语软新闻导语较为随意，更具文学性，可以从人物的描写入手，也可以从趣闻轶事导入。软导语通常采取一种带有文学色彩的写作手法，使得新闻导语生动活泼、情趣横溢，以吸引受众，因此翻译时宜采取带有文学色彩的手法翻译，以保留原文的文学风格。

例 1：Motherhood and apple pie are still fine，but the thing many Americans relish most these days is owning their own homes. Two in three homes are owned by their occupants,and the lowest mortgage rates in three decades keep the numbers rising. But this does not suit everybody.

译文：母爱依旧浓，苹果派味道依旧美，但如今许多美国人津津乐道的事情是拥有自己的房子。现在三分之二的美国人是居者有其屋，30 年来较低的抵押贷款利率使这一比例继续上升，然而这并非人人都适用。

这是典型的软新闻导语，没有硬新闻导语常见的几大要素，起始句更似温馨的家庭生活的描写，渲染了气氛，然后引出新闻事实，切入正题。对于此类导语，一般采用直译，以带有文学色彩的手段翻译，就能较好地传递作者的原意，因为这是作者精心构思的结果。

2. 原因导语和方式导语的翻译

原因导语把重心放在回答 why 即“为什么”上，方式导语则注重 how 即“怎样”。英语导语中为强调原因和方式，可以把它们放在句首，把主语放在后面；而在汉语表达中，习惯上总是把人或事放在首位，因此在翻译时需注意拆分倒译。

例 1：Trying to pass another car while traveling at high speed brought serious injury to two men last night when their automobile overturned twice on Washington boulevard at Potter Avenue.

译文：昨晚，两名男子在波特大街的华盛顿大道口发生车祸，受伤严重。他们的车子在试图高速超越另一辆车时连打了两个滚。

上述句子如果顺译，开头没有主语，就会使译文文理不通、语义不明，读者就会不知所云。译文经过拆分重组，就显得顺理成章了。需要注意的是，倒译不是乱译，如果句子较长，译者一定不能遗漏某一部分，要尽量再现原文的内容和内涵。

3. 概括性导语和事实性导语的翻译

概括性导语是硬新闻撰写的常用形式，其特点是在消息的第一段把新闻事实的轮廓等过程概要地叙述出来，以引导读者提纲挈领地阅读新闻并抓住要领。主要事实性导语则更为精炼，集中叙述新闻中主要事实的某一部分、某一场景或情节高潮，开门见山地道出精髓，以最少的单词报告最新的信息。这两种导语通常采用顺叙的文体，类似汉语的逻辑思维顺序排列，但是句法结构各不相同。英语常用短语动词，句中意义紧凑，较多使用名词和介词；汉语则喜欢用短句，句中意义松散，多使用动词。这类句子可运用分拆顺译法，按顺序拆分，按相关意思合成几个意群组，用汉语逗号分开，意义明了。

例 1 ：The director-general of the World Health Organization,Mr. Halfdan Mahler,yesterday predicted that up to 100 million people world-wide may become infected with the AIDS virus in the next four or five years and that by that time it would cost at least $1.5 billion a year to counteract the disease,when virus may vary as time goes and become harder to control.

译文：世界卫生组织执行长官梅勒先生，昨天预言在今后的四五年内，全世界将可能有 1 亿人感染艾滋病；届时，由于艾滋病病毒有可能发生变异，更难控制，每年可能需要投入 15 亿美元来对付它。

在翻译上例时，应首先找出关联词 that、and、that、when、and 等，再按功能及语义把原句分成若干意群组，然后取消所有无实际意义的连词，最后按汉语的习惯进行调整，自然排列。

4. 延缓性导语的翻译

延缓性导语是一种特殊而新颖的导语，它不遵循概括性导语或事实性导语所必须做到的直截了当、开门见山的写作原则，而是采取一种带有文学色彩的写作手法，使导语更生动活泼、情趣横溢，以激发读者的兴趣。延缓性导语一般用来创造一种现场感或制造一种气氛，以反映报道的主题。

例 1:Under the brilliant, mellow early November sunshine,multicolored chrysan-themums of over 500 varieties rioted in color and beauty at Shanghai's annual floral opened at the People's Park today.

译文:11 月初的太阳明媚灿烂，500 多种绚丽多姿的菊花在阳光下竞相争艳，每年一次的上海菊展今天在人民公园开幕。

此句在英语中属于简单句，但是其附属成分很多很长，有介词短语、形容词短语、过去分词作定语，介词短语修饰主语，还有两个地点状语和一个时间状语。因此，在翻译时要按照汉语表达习惯，把原文划分为一个个意群，由多个小句来表达。

5. 引语性导语的翻译

引语性的新闻导语通过引用消息中主要人物关键性或针对性、有代表性或有新意的谈话，来增强消息的真实性、可信度与权威性。引语性导语通常分为完整引语性导语和部分引语性导语。引语的意义常常受制于语境，因此在翻译时要十分重视“话外境”，谨慎选用贴切的词语。

例 1 :“Youth gangs are a serious threat to absolutely everyone in Chicago”,says Police Lt.Thomas Hughes, “mainly because they are heavily armed and capable of committing any type of crimes.” He estimated there are about 140 youth gangs,in this city,with a total of 3000 to 5000 members. Last year they were responsible for 33 killings and many other crimes.

译文:“青少年流氓集团对每个芝加哥人来说，是一个严重威胁”，警察中尉托马斯·休斯说，“这主要因为这些集团拥有大量武器，他们会干出各种各样的罪恶勾当来。”据这位警官估计，芝加哥市内大约有 140 个青少年流氓集团，成员总数达 3000 ~ 5000 人。去年他们犯了 33 起命案和许多其他罪行。

上述引语是一位警官的总结，说话时表情严肃，没有语气词，没有俏皮话，翻译时也应该保持这种语调。

（三）新闻语体正文的翻译

1. 注意区分主次信息，调整句子结构

区分主次信息，调整句子结构是英译汉的主要手段。具体体现在以下两个方面。

（1）用介词短语作状语传递次要信息

例1：我们围绕解决经济运行中的突出问题，注重增强宏观调整的预见性、及时性和有效性。

译文：We have worked hard to make macro-economic regulation/macro-control more proactive,responsive and effective,with focus on resolving major problems effecting economic performance.

例中有两个小句，其中第二个小句是主要信息，第一个小句是有关细节内容，是次要信息。译文将其改译成一个句子，主要信息被用来作为句子的主干结构，"with focus on resolving major problems effecting economic performance"是次要信息，因此这样借助"with"引导的介词短语结构穿插到句子中作状语，使得译文句子结构紧凑，表达地道。

（2）用定语从句传递次要信息

例1：文化特色和个性是历史文化名城独特和珍贵的标志，历史文化名城间的文化交流与合作将极大地促进城市文化可持续发展和繁荣。

译文：Cultural exchanges among historical and culturally-significant cities,whose respective cultural features and individuality are their unique and invaluable symbols, greatly contribute to the sustainable development and prosperity of their culture.

上例中用"whose respective cultural features and individuality are their unique and invaluable symbols"这一定语从句来传递"文化特色和个性是历史文化名城独特和珍贵的标志"这一次要信息。

2. 适当调整语序

在英译汉的过程中，常常可以调整句子的语序，通常具有以下几种情况。

（1）调整同位语的位置

例1：Delicious smell and succulent dishes were matched in brilliance by the Queen's costume,a heavy pink silk crepe dress,embroidered with clusters of peonies-China' s national flower-in rose pink jewels,pearls and crystal.

译文：女王身着粉红色重绉丝裙，裙子上是中国国花牡丹的刺绣图案：一簇簇牡丹花，盛开在玫瑰红的宝石、珍珠和水晶之中。华丽的衣裙和丰盛的美食，可谓相得益彰。

该例的译文把同位语"China' s national flower"提前，将它处理成定语，修饰名词牡丹。此外，译文对其他句子成分的顺序也作了较大的调整。在译文中，原文 the Queen' s costume 的同位语被处理成为一个独立的句子，由原文的句末迁移至译文的开端。

（2）调整定语的位置

例 1 ：This was an intelligently organized and fervent meeting in a packed Town Hall，with Mr. Strong in the chair.

译文：这是一场精心组织起来的会议，市政厅里济济一堂，热情洋溢，主持会议的是斯特朗先生。

如果将原文进行直译："这是一场组织精心、热情洋溢的会议，市政厅很拥挤，斯特朗先生是主席"，不仅读起来不通畅，而且"会议"前的形容词定语过重。此外，原文是倾向于褒扬的态度，因此"市政厅很拥挤"的翻译也不妥，上述译文更为恰当。

（3）调整状语的位置

例 1：The 50th Guangzhou Trade Fair closes here today with its reputation intact as a bonanza for the first–time China trader and an important market for products from the world' s largest nation.

译文：它是第一次来中国做生意的人的一块风水宝地，也是这个人口世界第一的国家推销其产品的一个重要市场，第 50 届广交会今天在此落下了帷幕，保持了昔日的荣誉。

例子中"with its reputation intact as a bonanza for the first–time China trader and an important market for products from the world' s largest nation"是 with 引导的介词短语作状语，向读者补充介绍了广交会的作用和声誉，目的在于激发读者的阅读兴趣。这部分信息在原句中处于句子的末尾，但在译文中，这部分信息被一分为二，一部分置于句首，另一部分置于句末。译文首先介绍了广交会的荣誉，为下面有关广交会的报道作好铺垫，最后在句末再次突出了广交会的成功，读来通顺、自然，给读者留下深刻的印象。

3. 正确处理"said"

在英文新闻稿里引语较多，所以"said"也就到处可见。"said"这个词准确、通俗、中立、没有感情色彩，能客观地表达讲话人的动作和意思。

在翻译与"说"有关的字词时，原则上是直译。如果是英译中，可把"said"

毫不迟疑地翻译成“说”字。如果是中译英，原文可能使用不同的表达方式，如“指出”“表示”等，翻译时一般也可改译为“said”。

关于位置，在英文新闻稿中，“说”字（及其说话人）的位置比较灵活，既可以放在“有关内容”的前面，也可放在后面，有时甚至插在这些内容的中间。

4. 把握褒贬界限

在英文新闻稿中，有一些字词和短语看似普通，十分中性，不带任何感情色彩，但在翻译时却可以根据背景知识或者上下文的情境来决定是褒是贬。例如，ambition 一词同时具有“雄心”和“野心”两种意思。再如，politician 一词既可以理解为“政治家”，也可以理解成“政界人士”，还可以理解成“政客”。“政治家”属褒义，“政客”属贬义，“政界人士”大体是个中性的语汇。具体应该怎么翻译，则主要牵涉媒体的编辑方针或政治取向问题。

另外，还有些词汇的翻译会涉及感情取向问题，如动词 to die，它的词义很简单，就是“死”的意思。但在中文里，却可以译为仙逝、逝世、辞世、去世、过世、牺牲，也可以把它译为死了、死去、死掉、一命呜呼、见上帝等。这些字词有的比较中性，有的充满敬意，有的比较冷淡，有的幸灾乐祸，有的充满调侃意味，所有这些翻译都取决于译者对死者的态度。下面这些字词在翻译时也需要多加斟酌。

News 消息、风声、音信；rebellion 叛乱、造反、反叛；leader 领袖、领导人、头目；lover 情人、恋人、情侣、爱侣、爱人、情夫、相好；to kill 杀害、杀死、杀戮、屠杀；to pull down 镇压、制止、平定；to attribute to 归功于、归之于、归咎于；to blame 责备、指责、责难。

5. 切勿滥用“被”字

英语中尤其是新闻英语中被动语态的使用较多；而在汉语中虽然也有被动语态，但使用的却不多，即使使用被动语态，中文也往往不用标示词“被”字。如果表达一个人被人打了一顿，中文常说“他挨打了”，翻译中绝大多数被动语态也是可以这样处理的。但中国学生在学习翻译时，由于经验与水平有限，或者由于不愿多费脑筋，往往一见被动便用“被”字，结果译出的句子非常别扭。

例 1：The Chinese Table Tennis Team also visited a Manhattan public school, delighting the pupils and being delighted by them.

原译：中国乒乓球队还参观了曼哈顿的一所公立学校，使学生们很快乐，他们也被学生弄得很快乐。

上述译文从字面上看似乎没有错，但是很不符合汉语的表达习惯，而且被动句显得很生硬，似乎他们在遭受某种折磨而不是感到快乐。实际上，原文表达的是队员和学生之间的快乐是相互的，双方都乐在其中。因此，上述译文可改为：中国乒乓球队还参观了曼哈顿的一所公立学校，队员和学生们都为这次见面感到高兴。

例 2：They brought forth a regulation which could never be conformed to,which it was impossible to follow.

原译：他们制定的这个法规，根本不可能被任何人遵照去做，更无法遵守。

上述译文中，“不可能被任何人遵照去做”与“无法遵守”意思相同，因此没必要重复。原文中的“遵照”为“be conformed to”，“遵守”为“to follow”，两者实际含义不同，前者被动，后者主动，即前半部分是“法规无法被群众遵守”，是被动式，后半部分是“（政府）无法贯彻法规”，是主动式，整个句子实际上是从两个不同的角度说明法规的不可行。译文没有弄清两者之间细微的区别，只用文字上的差异来译不同的原文，结果表达方法虽不同，意思却无区别，都是从群众一方出发提出论证，不但未准确表达原意，而且造成译文重复啰唆。因此，原译应当改译如下：他们制定了一项根本无法遵守也无法付诸实施的法规。

从上述两个例子可以看出，在新闻英语翻译中，很多“被”是可以不用译出的。相反，去掉“被”字，译文会更加通顺。当然，我们并不是说所有情况都不能用“被”字，只要用得自然而恰当，完全可以用。我们强调的是不能强用和滥用，更不能不分场合地照搬，造成句子生硬别扭。

第二节　文学语体的翻译

一、文学语体的分类

文学历来就是一个难以归纳和定义的概念，不同的文学理论家对文学的概念有着不同的定义。在文学作品中，作者会用文字传达思想感情，塑造生动的艺术形象，从而给读者带来一种特殊的感染力。文学文体与非文学文体的划分也不可能做到完全精确。与公文、科技文章等实用文体不同，文学作品以或者优美生动，或者诙谐机警，或者幽默犀利的语言达到抒发情感、反映社会现实、揭示生存哲理等目的。用于文学欣赏的文学体裁主要包括小说、散文、诗歌、戏剧四种形式。

诗歌是作者以抒发强烈情感为中心，通过丰富、新奇的想象和富有节奏、韵律的语言，集中、精炼地反映社会生活。

小说是作者在文学写作过程中以塑造人物为中心，通过描述特定的故事情节和具体的生活环境，深刻地、多方位地反映社会生活。

散文最初的界限并不明显，人们将一切非诗歌、非小说、非戏剧文学作品都统称为散文，但随着现代生活的不断发展，杂文、传记文学、报告文学、科普小品等纷纷兴起并得到了充分的发育、生长。这时，人们把那种以创造情境为中心，通过广泛灵活选材和情文并茂的构思，用短小精悍的真实性语言来反映社会生活的文章称为散文。

针对文学文体的翻译来讲，不同于其他传递信息的文本，文学文体的翻译不仅要再现原作的文体风格，还要还原原作的语言艺术。茅盾先生在谈到文学翻译时阐述过：文学翻译是用另一种语言将原作的艺术意境传达出来，使读者在读译文的时候能够像读原作一样得到启发、感动和美的感觉。所以，文学文体的翻译不仅仅是语言外形变异的过程，而且是语言艺术的再创造过程。

二、文学语体的特点

（一）用词生动、优美，修辞丰富

文学作品的用词大多生动、优美。虽然某些文学作品中的有些部分由于纪实的特点和揭示现实的目的，语言文字不能算得上优美，但是也称得上生动。而丰富的修辞手法的运用正是文学作品达到语言优美、生动的一个重要手段。正是由于有了丰富的修辞手法，风格各异的作家和诗人，才能畅抒心意，指点江山，抨击时政，尽显世间百态。

（二）语言含义丰富

科技文体、公文文体等实用文体为了达到写作目的，都力求语言准确、意思清楚，忌讳产生歧义、造成理解的困难。因此，在这些文体当中，通常一句话只有一个明确的含义。而文学作品却力求使语言含义丰富，经常一语双关，甚至带有多重的含义。这样的文学作品才值得读者反复品味、细细咀嚼，每一次阅读都有新的收获、新的发现。读这样的文学作品就如品香茗，久冲不淡，读完后还满口留香，因此才会有“读不完的莎士比亚”①。

例 1：

When the evening is spread our against the sky

Like a patient etherized upon a table

Streets that follows like a tedious argument

Of insidious intent

To lead you to an overwhelming question…

（T. S. Eliot“The Love Song of Prufrock”）

译文：

朝天空慢慢铺展着黄昏

好似病人麻醉在手术桌上

街连着街，好像一场讨厌的争议带有阴险的意图

要把你引向一个重大的问题……

（查良铮译王佐良《英诗的境界》）

所选诗歌的这一部分表面看来是在描述黄昏，描述黄昏时静谧、慵懒的感觉，但从“好似病人麻醉在手术桌上”“好像一场讨厌的争议”等这些并非美好的比喻当中，读者通过仔细品味，却能从中发现诗人对于生活的厌倦和困惑。

（三）作者的风格在作品中有突出体现

公文文体、科技文体等应用文体，为了使读者能准确、迅速地理解其内容，达到传播思想和信息的目的，通常都有固定的格式和文体风格。而文学作品是作者思想情感的表达，是作为一种艺术被读者品味、欣赏的。因此文学作品是一种有个性的文体，作者风格的体现是文学作品不可或缺的。例如，我们不看作者的名字，光看风格，就可以从诗歌的深沉、忧郁、忧国忧民，判断出那是诗圣杜甫之作；从诗歌的豪情万丈、风流潇洒判断出是诗仙李白之作。文学作品的风格仿佛就是作品的灵魂，缺少了它，再美妙的文字也变得苍白无力。

因此，在对文学文体进行翻译的时候，我们就要注意文学作品的几个特点。

① 康琦．英语文学的语言特点及翻译技巧 [J]. 海外英语，2021（6）：46-47.

处理好作品当中的修辞手法，翻译出原文的修辞效果。充分理解文学作品中语句的多重含义，在翻译的时候不仅要译出其字面意思，还要注意不要丢失其隐含的意义。同时，不仅要准确地翻译出原作的内容，还要注意保留原作者的风格，否则即使翻译出了原作的主要内容，也不能算是一部好的翻译作品。

三、诗歌的翻译

（一）阐释性翻译

阐释性翻译是面对广大读者的文学翻译的方法。这种翻译方法追求的是诗歌的教学价值，追求保留原诗的意境美和音韵美，并在此基础上尽可能地保留原诗的形式美。

需要指出的是，阐释性翻译的结果往往会因译者的不同而不同，这是阐释性翻译的一个显著的特点。

（二）形式翻译

形式翻译是指译者照搬原文的形式翻译，某种意义上可以等同于直译。译者有时为了保留译文的学术价值，做到译文在形式上完全忠实于原文，会避免任何外来成分（包括社会、哲学史、文化成分）的介入。尽管这种翻译方法比较极端，但却比较适合那些形式特殊且意在通过这种特殊格式来与内容呼应，从而深化主题的英语诗歌的翻译。

但是，形式翻译法是一种比较极端的直译，不能用于所有形式特殊的英语诗歌，实际使用时应慎重。

（三）调整翻译

调整翻译介于阐释性翻译和形式翻译之间，是在尽量直译的基础上调整译文结构，使译文兼顾原文的形式、内容，同时符合译语表达习惯。

四、小说的翻译

（一）传译语境

所谓语境，就是语言环境，即运用语言进行交际的一定的具体场合。小说的语境就是特定语言创设的语境。翻译小说时，语境的传译也十分重要。因为，即使是相同的话语在不同的语境下可能也有不同的含义，一旦语境翻译得不正确，就会影响原文语义的传递。因此，传译语境是小说翻译中一个需要特别注意却又很容易被忽视的问题。

小说的语境受多种因素的制约，译者在翻译时要依据原作的总体语境和个别语境，选用恰当词语和最佳的表达方式，以准确地再现原文的语境。

例 1 ：There was much traffic at night and many mules on the road with boxes of ammunition on each side of their pack saddles and gray motor trucks that carried men,and other trucks with loads covered with canvas that moved slower in the traffic.

译文：夜间，这里运输繁忙，路上有许多骡子，鞍的两侧驮着弹药箱，灰色的卡车上装满了士兵，还有一些辎重车辆，用帆布盖着，在路上缓慢地行驶着。

《永别了，武器》这部小说本身是以战争为背景的，因而具有一种定向性。译者显然准确抓住了这一点，将字面含义比较宽泛的"men"翻译为具体的"士兵"，将"other trucks with loads"翻译为"辎重车"，这就与小说的背景相吻合，同时也使字里行间弥漫着浓重的战争气息。

（二）传译人物特点

人物刻画是小说创作中极为关键的一个方面。人物刻画得是否到位往往直接影响着小说的写作目的能否实现。因此，在翻译的过程中，译者要用心选词，寻找恰当的表达方式，将小说中的人物特点忠实地重现出来，以给读者留下深刻、鲜明的印象，使译文产生与原文同样的效果。

例 1："I'm trying to get Mom to let me bring you home."Jamie told the creature."I know you' re not really a per. You' re a friend…sort of. But I can' t let you stay out here in the cold. Winter' s coming soon. It gets really cold here then. And sometimes Mom does not let me go outside when it snows."

译文：杰米对小动物说："我会想办法让妈妈同意把你领回家的。因为，你不是宠物，其实呀——你是我的朋友。可不能让你待在这冰冰凉凉的地方。冬天要来了，这里会很冷很冷的。下雪后，妈妈就不会让我随便出来了。"

本例是来自一个九岁的小男孩对一只小狗所说的话。原文字里行间无不渗透着孩子的稚气和童真。考虑到这一点，译文也采用了相应的语气和孩子气的语言再现人物特点。

（三）传译风格

每位小说家都有属于自己的语言风格，或活泼，或简洁，或严谨，或幽默，这也是他们的作品之所以优秀的一大原因。因此，在翻译不同作家的小说时，译者不仅要准确地传达原文的内容，还要忠实地再现原文的风格，否则译文就遗失了原文的灵魂，也无法使译语读者读到原汁原味的外国文学作品。

在实际的翻译过程中，要想忠实地再现原文风格，译者应该了解作者的创作个性、创作意图、创作方法、创作背景以及作者的世界观、人生观等，这样译者才有可能更深刻地理解原文，更好地再现原文风格。例如，马克·吐温的小说通常具有幽默诙谐、口语化的语言特点，抓住了这一特点，翻译时就应注意使用口语化的、轻松诙谐的译语。

五、散文的翻译

一般而言，散文可以分为正式散文和非正式散文两类。前者用词讲究、结构严谨，逻辑性强；而后者则语言浅显、结构松散、轻松自然。根据写作目的和手法的不同，散文又可以分为记叙文、议论文、描写文、说明文。下面就分别对这四种散文进行举例介绍。

（一）记叙文的翻译

记叙文通常是对亲身经历或听到、读到的故事传说、奇闻逸事的叙述。翻译记叙文时，需要注意作者个性、写作风格的传递，即要忠实地传达原作的风格与韵味。

（二）议论文的翻译

议论文是作者就某一问题展开分析、评论，表明自己观点的文体。议论文具有很强的说理性质，因此大多具有用词讲究、结构严谨、风格凝重等特点。为了增加文章的说服力，议论文不仅使用逻辑推理性的方法来诉诸读者的理性和智力，也会用打动人心的论点来诉诸读者的知觉与情感。因此，在翻译议论文的时候也必须注意这些特点，力求译文精练、准确、严谨，以理服人、以情动人，将原文的说服力重现出来。

（三）描写文的翻译

描写文通常具有很强的抒情风格和形象性、直觉性、情感性的特点。描写的对象多是人、景、物。写人是为了树立个人形象，进而表达对生活的感受和认识；写景是为了营造气氛，抒发情怀；而写物则是为了托物言志，寄托志趣。与其他散文类型相比，描写文的语言更加清新、诗意。因此，翻译时也必须体现描写文的这一风格及写作意图，使用清新、生动的译语，使译文和原文一样优美。

（四）说明文的翻译

说明文是就某一主题进行阐述的文章。换言之，说明文是对事物的发生、发展、结果、特征、性质、状态、功能等进行阐述的一种文章。说明文通常具有用词精确、结构严谨、逻辑性强的特点。因此，说明文的翻译也必须遵从这些文体特征，注意选词造句。

六、戏剧的翻译

戏剧艺术是一种综合的艺术，它是通过舞台演出将剧中所反映的生活情景直接呈现在观众面前的一种艺术形式。除了剧本外，它还包括美术、布景、灯光、音乐、道具、舞台设置等多个方面。严格说来，我们这里的戏剧只是指剧本。

在中国，戏剧可以泛指戏曲、歌剧、话剧，有时候也专指话剧。在西方，戏剧就是指话剧。根据不同的分类标准，西方的戏剧又可以分为悲剧和喜剧，诗剧和自然主义戏剧，或者是历史剧和现代剧等。

戏剧语言主要由三个部分组成：布景说明、演员动作说明和台词。台词是戏剧语言的主要组成部分。剧中人物性格的刻画和故事情节的发展都通过台词完成。台词有三种形式：对白、独白和旁白。对白指人物间的对话，这是戏剧的主要组成部分；独白是人物的内心活动的袒露；而旁白则是指剧中某个人物背着别的人物对观众的交代。

作为一种与诗歌、小说、散文不同的特殊的文学形式，戏剧不仅可以供人阅读，还要用于演出，供观众欣赏。因此，戏剧有其自身独特的个性。首先，由于戏剧不仅用于阅读，而且其最重要的作用是用于演出，所以，一方面，戏剧的台词要方便演员在舞台上进行演出，念起来不觉拗口；另一方面，由于演员的对话转瞬即逝，戏剧的台词还要使观众能轻松地明白演员所讲，不至于在理解上有困难。因此，戏剧的语言通常口语化，通俗易懂以使读者顺眼、观众入耳、演员顺口。口语化、通俗化是戏剧语言的一个突出特点。其次，与小说不同，戏剧中没有叙述者，不允许作者对人物的思想活动、表情变化等进行描述，故事情节的发展、人物性格的塑造，以及人物语气的轻重缓急、人物性格的轻微变化都只能通过人物的对话进行。因此，与小说相比，戏剧中人物的语言就必须更为个性化，更具有动作性。人物语言的个性化和动作性是戏剧语言的另一个特征。最后，戏剧要打动观众，其音韵和节奏也是关键因素。优美的节奏和韵律使得戏剧更容易被观众接受，更容易在观众中流传。19 世纪之前的西方剧作家，如索福克勒斯、莎士比亚，都特别注重戏剧语言的节奏和音韵美，用诗歌来创作剧本。他们戏剧中那些充满着音乐美的台词给人们留下了深刻的印象，成为戏剧台词中的经典之作，因此，音韵和节奏美是戏剧语言的又一特征。

（一）戏剧语言的口语化、通俗化

由于戏剧语言具有口语化和通俗化的特点，在进行戏剧翻译时我们一方面要善用戏剧中一些口语化、通俗化的表达方式，特别是剧中的一些方言；另一方面，要尽量用简单的句式、通俗化的语言把原作翻译出来，使译文的语言不仅上口，而且入耳，令演员念起来不吃力，让观众听起来不费力。在翻译时也要特别注意一些方言的翻译。

（二）戏剧语言的个性化及动作性

由于戏剧中缺少叙述者的介入，除了简短的人物动作描述外，戏剧情节的发展和人物个性的塑造都需要通过台词来完成。因此在进行戏剧翻译的时候要注意其语言的动作性及其所体现的人物个性，在译文中要尽量展现这些动作性和人物个性。

（三）戏剧语言的音韵和节奏美

戏剧语言的音韵和节奏美是戏剧，特别是诗剧的一大特色。在翻译戏剧的时候要注意展现原文的音韵和节奏美。在翻译诗剧，如莎士比亚的戏剧时，可以借鉴诗歌的翻译方法。一是模仿原文的韵律和节奏，二是在模仿不可能时换用与戏剧内容、风格相适应的其他韵律和节奏，以保留原剧的音乐美。在翻译非诗剧或者现代戏剧时，也要注意再现原剧台词句子的长短、节奏的快慢以及语句的押韵与否等，并在译文中充分地再现这些特点。

第三节　公文语体的翻译

一、公文语体的概述

随着社会和经济的发展，各种形式的公文成了传达贯彻方针政策和有关指令、沟通上下级机关、发布法规和规章、沟通机关之间的横向联系、教育干部和群众以及印证有关事实不可缺少的方式。随着社会的发展以及国际交往的频繁，公文文体的翻译也得到了越来越多的重视。

公文是党政机关、企事业单位、法定团体等组织在公务活动中为行使职权、实施管理而制作的具有法定效用和规范体式的文件，包括各种公告、宣言、规定、法令、通告、启事及各种法律文书。所谓公文的文体，是指该公文的语文体式。

公文是政府内部，企业、机构之间交流正式信息的一种正式文体，公文的功能在于能够逾越时空的限制，有效地传递公务活动所需的信息，其本质属性就是它的现实执行性，亦即它的现行效用。

二、公文语体的特点

第一，为了使公文发布者的立场、观点或者规定得到准确表达，为了使公文执行者和接受者不对公文的理解产生歧义，公文文体的用词一般清晰、准确，力求避免模棱两可的公文，不能像文学作品那样含蓄隐晦、深藏不露，更不能含糊不清、意向不明。它要求清楚、明白，无论赞成或反对什么、提倡或禁止什么、肯定或否定什么，都要非常确切地表述和说明，使人心领神会，一目了然。

第二，由于公文的正式性和严肃性，公文文体一般使用正式的书面语体，用词正式，避免使用俚俗语。而且为了使公文简洁、明确，公文文体的行文一般比较严谨，句式紧凑，避免使用不必要的修饰语、华丽而不易懂的辞藻以及过多的插入语。

第三，为了使公文得到准确执行，使执行者一看公文就清楚地知道该做什么事以及怎么做，标准化、规范化的公文格式是不可少的。因此，公文文体一般具有规范的文体、结构、格式。

针对以上三个特点，在进行公文翻译的时候，首先，尽量做到用词正式，句式紧凑，意思表达准确、无歧义。同时，由于表意和表现特殊色彩需要，公文中有一些出现频率较高的词语。这些词语词形确定，词义精确特定，用途稳定专门，并为从事公文工作的人们所熟悉，它们就是公文专用词语。而且，由于公文所涉及的专业广泛，不同专业有专业术语，在翻译公文的时候要注意理解其中的公文专用词语和专业术语，必要时要向专业人士请教。其次，各种公文都有其固定的格式和体例，为了充分地理解公文的含义，翻译的时候要注意了解其格式和体例，并在译文中保留原公文的格式和体例，以反映其原貌。另外，公文翻译要保持用词的一致性，即一个词不论在文中出现多少次，都必须使用相同的翻译，否则容易使人认为另有所指，造成混乱和误解。最后，英语公文文体经常喜欢使用结构复杂的长句，在翻译的时候要注意反复阅读，耐心分析句子结构，理出文章的脉络和层次，正确理解原文。

三、行政公文的翻译

行政公文是公务文书的简称，是人类在治理社会、管理国家的公务实践中使用的具有法定权威和规范格式的应用文。它是特殊规范化的文体，具有其他文体所没有的权威性，有法定的制作权限和确定的读者，有特定的行文格式，并有行文规则和办理办法，包括命令（令）、议案、决定、指示、公告、通告、通知、通报、报告、请示、批复、函、会议纪要等形式。

行政公文一般具有固定的格式，用词明晰、确切、简练，多用书面语和文书用语，少用形象和描绘性词语和口语，不用方言土语，十分规范。在翻译的过程中要注意辨析词语的确切含义，分辨词语的感情色彩和风格，以正确表达作者的立场观点；注意正确翻译公文中涉及的公文习语、专业术语及人和事物的特殊用词，以达到译文用语的规范性；最后还要注意用词的一致性，以及原文格式的保留。笔者借助下面的例子具体对行政公文的翻译进行分析。

中国人民银行公告

〔2011〕第20号

根据《中国人民银行关于为香港银行办理个人人民币业务提供清算个人人民币业务安排的公告》(〔2011〕第16号）确定的选择香港银行个人人民币业务清算行的原则和标准，经过对申办清算行业务的香港银行进行全面评审，并商香港金融管理局，中国人民银行决定授权中国银行（香港）有限公司作为香港银行个人人民币业务清算行。

中国人民银行

二〇一一年十二月二十四日

这是中国人民银行的一则公告。公告用于向国内外公布重要事项或者法定事项，具有公布的广泛性、宣告的庄严性、行文的郑重性三个特征。公告的内容一般极其简明扼要，将所要公布的事项明确地表达出来即可，可以不写因由、不设结语。这篇公告充分体现了上述特征。其全文由一句话组成，主要说明根据一系列规定，经过一系列程序，决定授权中国银行（香港）有限公司作为香港银行个人人民币业务清算行。没有原因，也没设结句，只是简洁地说明了事项。虽然全句由于有几个状语成分，句式稍显复杂，但表述意思清楚。且全文没有描述性的修饰语，没有带感情色彩、主观色彩的词，保持了公文文体简洁、客观、明确的特点。另外，公告当中出现了一些金融专业的专业词汇及一些公司和机构名称，如个人人民币业务、清算、金融管理局、中国银行（香港）有限公司。另外，全文遵循了一定的格式，首先为标题，然后为正文，最后为公告的发布者和日期。

译文：

People's Bank of China Announcement

No.20 of 2011

In accordance with the criteria set by the People' s Bank of China Announcement No.16 of 2011, with regard to providing clearing arrangements for Hong Kong banks engaged in personal RMB business, and based on thorough qualification review of all the bidding banks and consultation with the Hong Kong Monetary Authority, the People' s Bank of China hereby authorizes BOC Hong Kong(Holding)Ltd as the clearing bank to provide clearing services for personal RMB business engaged by banks in Hong Kong.

The People' s Bank of China

December 24th，2011

行政公文通常用语正式，行文简洁。在翻译行政公文的时候，首先，要仔细研读原文，正确理解、准确表达原文的含义；其次，再现原文的语言风格尽量做到用词正式，句式紧凑、简洁，意思表达无歧义；再次，要注意正确理解其中的专用名词及公文专用词语和专业术语，并根据惯用的译法进行翻译；最后，还要注意在译文中保留原公文的格式和体例，以反映其原貌。

四、商业函电的翻译

（一）商业信函的翻译

商业信函属于公函的一种。首先，与其他公文文体一样，商业信函具有语言简洁、朴实，表达准确的特征。其次，商务活动交际的客观性和交际规约的必然性决定了商业信函的专业性、实用性和规范性。因此，商业信函一般简明扼要、短小精悍、切中要点，语言庄重、实用，措辞委婉。当涉及数据或者具体的信息时，如时间、地点、价格、货号等，都尽可能做到精确。而且，由于涉及不同行业的商贸行为，商业信函中常常包含一些专业术语。最后，在篇章结构上，商业信函的程式化程度高。结构上大致分为三部分：第一部分为起式，多为简要概括对方去信内容和去信原因；第二部分为信的主体，多为交流信息、业务咨询和协商；第三部分为结尾，一般向对方提出要求、意见等。除此之外，商业信函中还常用一些相沿成习、共同遵守的固定套语。例如，汉语商业信函中的“敬启者”“谨上”“函悉”“兹复”，英语商函中的 We are in receipt of…, Please be advised that…, We are in a position to…等，这些固定程式和套语使内行的人一看就能明白商业信函的内容，可以免去许多不必要的麻烦和周折，有利于行业内的业务交往①。

商业信函是一种特殊的文体，每封商业信函都是一种交际事件，既传递实义信息，即写信的真正目的，也有程式化信息，其作用是辅助写信者得体地传达实义信息。因此，外贸信函的翻译不仅要准确、完整地传达原文的含义，还要在翻译的时候注意商函的文体特点，充分体现商业信函庄重、简洁、明了的特点，恰当地处理其中的固定套语，准确地翻译其中的专业术语，使商函在表达清楚的基础上，又不失礼貌、友好，给人一种愉快的感觉，达到真正的交际目的。以下我们通过对几篇商业信函进行分析，对商业信函的翻译问题作一些探索。

在翻译的时候，不仅要注意准确翻译出信中所表达的意思，还要在译文中保持原文清晰的结构，体现出原文庄重、简洁、意思明了、措辞委婉的语言风格。同时，由于英语和汉语从属于不同的文化，在汉语和英语中，客套语的使用有不同的搭配习惯和套式，汉语中的客套话不一定在英语中有相应的表达方式，为了更好地达到完成交际的目的，在翻译商业信函时还要注意其中客套语的灵活处理。例如，“敬启者”在英语商业信函中并无对应的客套话，英语商业信函的抬头多是

① 林薇．浅谈商务英语函电翻译的得体性 [J]. 海峡科学，2016（3）：80-82.

“Dear Sirs”，而结尾词“谨上”在英文商函中也找不到意思对应的客套语，而多是在署名前落上“Yours faithfully”，信中的“贵方”“我方”，在英语商函中更是只是用简单的“we”“you”来代替。因此，对于这些客套话，翻译时不必拘泥于原文的字句对应，可根据不同用途灵活处理，以更好地实现交际的目标。

例 1：

Dear Sirs,

We are pleased to receive your inquiry of 5th July and enclose our illustrated catalogue and pricelist.

We are confident you will be interested in our products and welcome your further inquiry.

As to our terms of payment，we usually adopt confirmed and irrevocable letters of credit in our favor, payable by draft at sight, reaching us one month ahead of shipment, remaining valid for negotiation in China for a further 21 days after prescribed time of shipment and allowing transshipment and partial shipment.

We hope the above payment terms will be acceptable to you and expect to receive your trial order soon.

Looking forward to your early reply.

Sincerely yours !

这是一封介绍支付条款函。该函遵循了商业信函的程式化格式，共分五段，每段由一句话组成。第一段概括了对方来信的内容和去信的原因。第二段承接第一段，既表明了对自己产品的信心，又表明了跟对方进一步交易的希望。第三段是商函的主体，表明了可以接受的支付方式。虽然句式较长，但却是一个简单句，其结构非常清楚，意思明了没有歧义。最后两段提出了对对方的要求和期望。整个商业信函的语言简洁、结构清楚、意思明了。另外，这封商函也不例外地使用了一些惯用的客套语，语气显得庄重、委婉，如 We are pleased to…，We hope that… will be acceptable to you 等。由于其专业性质，其中还涉及了不少贸易方面的专业术语，如 inquiry、confirmed and irrevocable letters of credit、draft at sight，如果不熟悉这些贸易术语就难以准确地翻译这封商业信函。

因此，在翻译这封商业信函时，不仅要准确翻译其含义，还要注意体现其结构清晰、意思明了的行文特点，以及庄重、委婉的语气。除此之外，还要熟悉其中所涉及的专业术语，这样才能使翻译准确。例如，inquiry 是指“询盘”，而不能翻译成“询问”，confirmed and irrevocable letters of credit 是指“保兑的、不可撤销，以我方为收益人的信用证”，而 draft at sight 是指“即期汇票”。

译文：

敬启者：

高兴地收到贵方 7 月 5 日的询盘，现附寄带插图目录和价格表。我们相信你方会对我方的产品感兴趣，欢迎你方的进一步询盘。

关于我方支付条款，我们通常采用保兑的、不可撤销，以我方为收益人的信用证，凭即期汇票支付，该信用证须于装运期前一个月抵达我方，允许转船和分批装运，并在规定的装运期后 21 天内议付有效。

希望上述付款条款能为你方接受，期望很快收到你方试订单。

盼速复。

此致！

这封商业信函的翻译简洁、明了，没有多余的词语，语气庄重，一副公事公办的态度，充分体现了原文的特点。对原文中的专业术语也进行了准确的翻译。

（二）电传的翻译

电传（Telex），又称用户电报，是一个新的合成词，是远距离打印交换的编写形式。它通过安装在用户办公室的电传打字机直接对外接收和发送电报、传递信息。电传既具有电话的快速，又具有打字机的准确，尤其是当电文中有数据时，这种优点表现得特别明显。人们普遍认为，电传这种通信方式，除了具备高效性和精确性之外，还比电报和电话便宜。因此，当电文内容不多时，英文电传可以不使用电传缩略语，按照常规书信的格式书来写。但是，有时为了提高效率，节省时间和经费，英文电传中也使用大量的缩略语。而且除了使用国际电报的简化规则和常用的缩略语以外，英文电传还经常用几个字母来代替整个词或短语。例如，用词首的几个字母来代替整个词，如 above–ABV、agree–AG，或者用单词中的辅音字母来代替整个词，如 reply–RPL，sample–SMP，有时还用和一个词近似的发音来代替这个词，如 are–R 和 week–WK。在翻译电传的时候要注意这些特点，使用通用的、容易被对方理解的缩略语，不要生造，以免造成误解。电传的英汉互译可以参照电报的英汉互译来进行。

第四节　广告语体的翻译

一、广告的概念

广告，顾名思义，就是广而告之，泛指一切不针对特定对象的公告，包括公益广告、旅游广告、商业广告等。英语中的 advertise（广告）一词源于拉丁语 advertere，意思是“唤起大众对某种事物的注意，并诱导于一定的方向所使用的一种手段”。目前，各国学者对广告的解释在文字上有所不同。我国 1980 年版《辞海》对广告的定义：广告是向公众介绍商品、报道服务内容或文娱节目等的一种宣传方式。这个定义包含两层意思：一是广告是告知社会各界广大公众的一种宣传活动；二是广告是需要通过一定的媒介来进行宣传的。此外，著名的美国市场营销协会（American Marketing Association，即 AMA）给广告下的定义比较有代表性：“Advertising is the non-personal communication of information usually paid for and usually persuasive in nature about products, services or ideas by identified sponsors through the various media.”（广告是由特定的广告主通常以付费的方式通过各种传播媒体对产品、劳务或观念等信息的非人员介绍及推广。）从这一定义可以看出，广告应具有传递信息的功能，能够使读者在获得信息之后作出广告所期望的反应，具有对商品进行粉饰的美感功能和表情功能。

二、广告语体的构成

（一）标题

标题（headline）是广告的核心，是表现广告主题的短文或短句。尤其在印刷广告中，标题是举足轻重的。标题一般选用较大的字体，常常位于整个广告的醒目位置。标题具体来说可以分为以下三种。

1. 直接标题

直接标题最简单的形式就是以厂商名和商品名为题，还有一种表现形式是把产品的名称、功用和特点直接告诉消费者。有时，商家为了吸引消费者的注意，通常采用一些特殊方法处理，如使用特殊句式或者对字体的形式进行进一步的修饰，以增加其受众群。

例 1：Learn English Quickly！

该标题使用了感叹句式，在字体、格式和句式上都进行了处理。整个广告标题显得精练醒目、直截了当、主题分明，易引起消费者的注意力。

2. 间接标题

间接标题是指在标题中并不直接向受众展示产品的直接信息，如不直接揭示产品的名称等，而是运用耐人寻味的艺术化语言，以迂回曲折的方式吸引消费者的注意和兴趣，如“吃出来的美丽”。

再如：Saturday Night on Sunday Morning.

该标题在句子的结构安排上故意颠倒时间、违反常规，吸引消费者的注意，引发消费者的兴趣和思考，促使消费者在充满好奇的情况下对广告的正文进行深入的探究。该广告的含义是该录像机可以把周六精彩的节目录下来，到周日早晨再重放。该标题既新奇又耐人寻味，充分起到了宣传和吸引读者注意力的目的。

3. 复合标题

复合标题是指在标题中兼有直接标题和间接标题的双重性质，即把二者有机地结合起来，既指出产品的特性，又运用某种艺术手段对标题进行处理，使之引人注目，具有趣味性。

（二）正文

正文（body copy）是广告的中心，是标题的延伸，在广告文案中处于主体地位。它对商品的特征、功效、使用方法及售后服务等提供详细的说明，继而说服读者，促使读者采取行动。根据广告正文的体裁、风格、手法等，广告正文可分为以下几种类型：信息型（factual copy）、情感型（emotional copy）、叙事型（narrative copy）、对话 / 独白型（dialogue/monologue copy）、幽默型（humor-interest copy）、诗歌型（poetic copy）。

（三）口号

口号（slogan）也称“广告中心词”“广告语”“广告主题句”“广告中心用语”“广告标语”等。广告口号是将产品的主体用浓缩的文字把企业或商品的特性及优点表达出来，其主要目的是维护广告运动的连续性，吸引消费者的兴趣，促使产品更好的销售。广告口号虽只有寥寥几个字，却能阐明立意、激发兴趣、宣传产品和引发受众行动，它能维持一则广告的连续性，多采用完整的短句形式，朗朗上口，便于记忆。广告口号的位置较为灵活，可以置于正文前面、正文中间或广告的末尾。

（四）商标

商标（trademark）就是商品生产者或经营者为了使自己生产或销售的商品或服务在市场上同其他商品生产者或经营者的商品或服务相区别而使用的一种标记。商标通常由文字或图形单独构成，或由文字、图形组合构成。

商标一般由商标牌号（brand name）和商标的视觉标记（visual symbol）组成。牌号是商标的名称，也是商品质量的重要标记，一些消费者购买商品时首先认准牌号。视觉标记，即商标图案也是广告的一个组成部分。

三、广告语体的特点

（一）词汇特征

1. 使用单音节动词

单音节动词通常都很简练且朗朗上口，而这正好符合广告对语言的要求，因此广告文体中经常使用单音节动词。此外，由于单音节动词也是人们使用得最多的一类基本的口语词汇，因此可以使广告语言简明易懂，这样既能使消费者看得明白，又节约了广告费用。

例 1：Lose ounces, save pounds.

译文：失去几盎司，省下几英镑。

这是一则减肥食品广告。“pounds”既代表货币单位（英镑），也代表重量单位（英镑），在这里应指英镑，与前面的“盎司”相对比，妙趣横生，使读者明白该食品价廉物美又不会使人发胖。

2. 使用复合词

除了使用单音节动词外，广告文体中还会使用复合词。复合词是指把两个或两个以上的词按照一定的次序排列构成新的词组。复合词组被广泛地应用于广告文体中，成为广告文体的一大特色。复合词的构词成分可以是任何一类，比较灵活多变，而且结构紧凑，因此能有效体现广告的创意精神，使人产生深刻的印象。

例 1：Sophisticated sweet-to-drink Pink Lady.

译文：高级、可口的红粉佳人。

这则广告使用含有隐喻修辞手法的复合形容词来修饰“Pink Lady”的产品，使得产品极富美感。

3. 使用缩略词

缩略词是指把原词中某些字母缩略掉，仅保留其有表意性的字母，且不能构成读字的音节。由于缩略词具有节省篇幅、降低广告费用、使行文简洁的优点，因此它也是现代英语中常用的构词法之一。

例 1：Big Ops for Our RNs in the US.

译文：美国注册护士大招聘

这是新西兰护理管理协会的广告语，“Ops”是“opportunities”的缩略，“RN”分别是“Registered Nurse”（注册护士）的首个字母，利用缩略语不仅使得广告语言更加简练，也获得了引人注目的效果。

4. 使用形容词及其比较级与最高级

为了推销产品，广告撰写人通常会对自己的商品进行美化粉饰，这就需要大量地使用形容词，尤其是那些评价性的形容词。因此，广告中常常使用大量褒义的、赞美的形容词及其比较级和最高级来说明产品的性能、品质及优点。广告英语中经常使用的形容词包括：new、fine、good/better/best、crisp、great、free、fresh、real、easy、full、sure、bright、clean、special、safe、rich、extra 等。

5. 使用人称代词

为了使顾客对产品感到亲切并具有参与感，广告中经常使用人称代词，尤其是第二人称“you”，使用人称代词可以在无形中拉近厂商与顾客之间的距离，也体现了商家处处为顾客着想的心思。

例 1：She usually complains about my anniversary gifts,but this year she is going to smile.

例 2：We made this watch for you to be part of you–simply because this is the way. We always make watches. And if we may draw a conclusion,it would be this:Choose once and choose well.

以上两个例子分别是香水广告和手表广告，其中“she”“we”“you”等人称代词的使用可以让顾客感觉到如同和商家在进行面对面的交流，从而增添了身临其境的亲切感和对商家的信任度。

6. 创造新词

为了强化广告的鼓动效应，广告语中经常使用词汇的变异手段创造出一些生词、怪词，如故意将人们所熟知的词拼错，或是将已有的词加上前缀或后缀，或者直接新造合成词。创新生词最主要的目的在于吸引读者的注意力。从心理学的角度来说，广告对读者的吸引力主要来自其语言的新奇与出人意料，从而激发进一步的阅读兴趣。此外，创新生词还有利于让读者形象地联想到其产品的独特性，并加大广告的新鲜感。

例如：

Krazy Clearance.

Toy Sale Continues.

这是一则清仓拍卖广告，其中故意将"Crazy"错拼为"Krazy"，既用错拼新词的形式吸引了读者的注意，又表达了"疯狂甩卖"以致头脑发昏、写字不清的语义，从而起到了出奇制胜的效果。

7. 借用外来语

随着经济全球化的不断深入以及世界贸易的不断发展，现代各国的很多商品都是直接由外国进口，或是虽由本国生产，但却富有异国风味。体现在产品广告中，就经常出现外语字眼，以体现产品所拥有的异国风味或较高质量，从而吸引消费者的注意。

（二）句法特征

1. 使用简单句

广告的最终目的在于吸引消费者的视觉和听觉，从而鼓动他们去购买其产品。而复杂的广告往往会使消费者感到厌烦，这样广告的目的就难以达到。因此，简单清晰且口语化的句子既节奏急促、跳跃性强，又易于使消费者记忆并留下深刻印象，从而激发消费者的购买欲望。

2. 使用省略句

广告英语由于受时间、空间、篇幅、费用等多种因素的限制，经常采用省略句。广告英语中的省略句往往可以省略主语、谓语、宾语或其他成分。

3. 使用疑问句

广告英语中常频繁使用疑问句，这是因为疑问句很容易唤起消费者对产品的好奇心和兴趣，从而引起读者的注意，并使他们对所提出的问题进行进一步的思考。通常来说，当一个问题提出后，人们会很自然地加以考虑，这就会促使他们采取购买或消费的实际行动。

4. 使用祈使句

由于广告语言是一种特殊的实用性文体，因此其内容和形式都受到广告的特殊文体形式的限制。由于祈使句本身就含有较强的劝说鼓动的功效，这正合广告实施其引导功能的目的，因此，商业广告经常采用鼓动性的祈使句。

5. 使用并列句

广告语中经常使用并列平行的句子结构，而较少使用主从结构。并列结构一般都简单明了、便于理解，且比一般完整的句子更具有说服力，能给人留下深刻的印象。

6. 使用分离句

分离句的使用是广告英语中所独有的现象，它利用句号、分号、连字号、破折号等将句子切割出来，形成更短的结构。也就是说，将句子分割成更多的信息结构单位，在增大信息量的同时节省空间和费用。而被分割出来的部分往往就是该产品的特征，从而达到了强调、突出的宣传效果。

7. 少用否定句

广告主要用于向消费者介绍某种产品的性能及优点，从而激发消费者购买的欲望，因此广告语多从肯定的意义出发进行创造，否定式的结构在广告英语中并不多见。当然，在广告语中也并非完全不能使用否定句，只不过在使用否定结构时，其目的是强调产品的特别优点。

（三）修辞特征

1. 比喻

比喻是将一种事物比喻成其他事物的修辞方法。比喻是广告英语中经常使用的一种修辞方法，其目的是形成鲜明生动的意象，以唤起消费者对产品的美好心理联想。广告中的比喻有明喻、暗喻之分。

（1）明喻

明喻是将两种事物之间的相似之处进行比较。在明喻中，一方是事物的本体，另一方是事物的喻体，本体和喻体之间通常用“like”“as”等标志性的词语连接起来，以便使人产生一种清晰具体的联想。

例 1：As soft as mother’ s hands.

译文：像母亲的手一样柔软。

这是一则童鞋的广告，将鞋子的柔软与母亲的手进行比较。

（2）暗喻

暗喻是指根据两个事物间的某种共同特征或内在联系，把一个事物的名称用在另一个事物的名称上的修辞方式。暗喻与明喻有形式上的差异，即在暗喻里并没有诸如“like”或“as”一类的标志词。也就是说，在暗喻中对两种事物的比较是隐含的而不是直接的。由于暗喻没有给出明确的比喻信号，因此更难以辨认，但却更加有力，也能更加激发读者丰富的想象。

2. 排比

排比是广告英语中经常使用的修辞手段，排比是指将结构相同、意义关联、语气一致的两个或两个以上的词组或句子并列使用，具有重复强调的功能。排比句能够层层递进、加强语势，从而使广告朗朗上口、便于记忆，同时颇具鼓动性。

3. 拟人

广告语中的拟人是指将所宣传的事物人格化，赋予产品以生命与情感，从而使产品变得富有人情味，使消费者倍感亲切。

4. 夸张

夸张就是为了增强语言的表达效果，故意把客观事物或现象加以夸大或缩小。广告文体中的夸张就是用主观的眼光去修饰和渲染产品，对所要宣扬的产品的性能进行言过其实的夸大行为，从而达到宣传目的。恰当的夸张可以突出商品的质量、特征，强烈地表达广告的主题思想，也能够体现厂家或商品的自豪、自信的气概，从而给人以某种感染力和鼓动力，给消费者留下深刻的印象，刺激其购买的欲望。因此，广告文体中常常使用夸张的修辞手法。但是需要注意的是，夸张并不等于虚假，夸张绝对不是欺骗，只是一种语言手法。

5. 反复

反复是指对重点词或重要概念的重复。由于广告信息具有一定的强迫性，因此在广告英语中，为了突出某种产品和信息，加深消费者的印象，有时故意重复某些词语或句法。

6. 双关

双关是用同样的词来表明不同的意义，是同形异义词或同音异义词的巧妙运用。双关通过词语的语音和语义，使某些句子在特定的语境中具有表面和内涵的双重意义。在广告语中使用双关语不仅可以使语言风趣简洁，增添广告的趣味性和幽默感，而且还可以引起读者的联想，让他们比较轻松愉悦地接受广告中所传递的商业信息。双关主要有以下几种形式。

（1）谐音双关

谐音双关是将两个原本在语义上毫无联系的同音或近音异形异义词，天衣无缝地安排在句子中，使之产生语义上的双关。谐音双关通常具有幽默风趣、滑稽俏皮的语言风格，运用到广告中则能增强广告的说服力与感染力，迅速产生效应。

（2）语义双关

语义双关的使用在广告英语中是很常见的。它利用某个同语的多义性，使得同语或句子在特定的环境中形成语义上的双关。从字面上看虽然只有一个词，但实际上却关联着两种不同的意义，甚至是言在此而意在彼，形成一种委婉含蓄、耐人寻味的意境，让消费者产生共鸣，刺激其消费欲望。

（3）语法双关

语法双关是指由于语法方面的问题产生的双关，如省略结构、某词或词组具有两种以上语法功能等。

例 1：Coke refreshes you like no other can.

译文：没有什么能像可乐那样令您神清气爽。

这里，“can”既有情态动词“能”的意思，又有名词“听，罐”的意思，此句可理解为“Coke refreshes you like no other（can：tin、drink）can（refresh you）”。广告富于文字情趣，诙谐机智，能给读者留下深刻的印象。

（4）成语双关

有时广告英语会引用一些人们耳熟能详的成语或俗语。这些广告以人们原有的社会、文化认识为基础，以鲜明独特的语言形式形成双关，既能增强广告的吸引力，也体现了广告英语的艺术性。

四、广告语体的翻译

（一）直译

直译又称“语义翻译”或“异化翻译”，它是指把原文的语法结构转换为译文语言中最近似的对应结构，且词汇依然一一对译，译文既要保留原文内容又要保留原文形式。当原文的语句结构较简单完整、意思较明确、按字面意思翻译能同时表达其表层意思和深层意思时，应该采用直译法。

（二）意译

由于英汉两种语言和文化的巨大差异，有时不能局限于字面意思进行翻译，而是取原文内容而舍弃其形式进行翻译。意译是一个相对于直译而言的概念，通常只取原文的内容而舍弃其形式。这种译法较为自由、灵活。译者可以适当进行创造和创新，但仍要保持原文的基本信息，使译文从消费者角度看比较地道，可接受性较强。

（三）音译

在广告英语中使用较多的音译技巧主要有两种，一种是非联想音译，另一种是联想音译。

1. 非联想音译

非联想音译指的是纯音译，其在翻译汉语广告中的一些组合时只起到标音的作用，不构成会导致联想的字义组合[①]。

2. 联想音译

联想音译中的汉字组合除了具有标音的作用之外，还构成了会导致某种联想的字义组合，其联想性有表意型和误导型。

（四）增译

增译是指对原文的某些关键词的词义进行挖掘、引申或扩充，将原文的深层意思加以发挥，从而使译文的隐含意义凸显出来，并超越原文。

（五）创译

创译是指再创型翻译。顾名思义，创译法已基本脱离原品牌名称发音及含义，依据的是产品的具体情况及当地的语言或风俗习惯，故这种译法又被称为“改译”。

（六）套译

翻译广告时，首先要对原文有充分的理解，否则就不会有准确的表达。英语中的不少广告借用现成的成语、谚语、短语等来获得文体效果以达到预期的目的，译文可以套用汉语中一些现成的表达形式或固定的结构框架，做到译文与原文相

① 邬晓丽．跨文化背景下商务英语广告的翻译策略与技巧探究 [J]. 海外英语，2021（19）：216–217.

契合，传达出广告原文的语言内涵。

（七）拆译

由于英汉两种语言在表达形式、惯用法、结构等方面的截然不同，在多数情况下，广告翻译不能照字面直译，否则将丢失原广告的信息。要完整地传达出原广告的语言内涵并尽可能地使译文具有相同的宣传效应，拆分法不失为一个有效途径，它可以充分地传达出原广告的语义，把原广告中的含蓄语义呈现给读者。

（八）浓缩译

由于源语文本的对象是源语文化受众，而译语文本是译语文化受众，因此译者在翻译过程中应考虑两个文本的受众在文化环境、生存环境等方面的差异，对源语信息进行筛选和重组，使译文语言保持简洁、精练，具有可读性。

（九）四字译

有时在进行广告翻译时，出于中文表达习惯，采用四字词语，可使译文言简意赅、寓意深长。

（十）不译

“不译”算不上是翻译，但却是在广告翻译中经常出现的情况。具体来说，当广告口号的原文特别短小精悍，但又一时无法译出同样惟妙惟肖、朗朗上口的对应译文时，可以将部分英文广告词原封不动地译入，或将该广告口号以原外文的形式保留下来。实际上，从整体视觉效果来看，有时不译法更加引人入胜，甚至出奇制胜。此外，新企业、新品牌、新产品系列的名称或老企业的新产品系列的名称往往也不必翻译出来。

第五节　科技语体的翻译

一、科技英语的含义

科技英语是专门用途英语（English for Special Purposes，简称 ESP）的一个分支，是一种重要的英语语体。科技英语是随着科学技术的发展而形成的一种独立的文体形式。科技英语既涵盖自然科学领域的各种知识和技术，也包括社会科学的各个领域，如用英语撰写的有关自然科学和社会科学的学术著作、论文、实验报告、专利产品的说明书等。

随着我国科学技术与市场经济的迅速发展，社会对外语人才的需求重心也在发生着明显的变化。科技英语对于英语专业学生的重要性是不言而喻的，对其他文科学生和理科学生同样重要。大学学习离不开科技英语，日常阅读、各类考试、论文写作等都会涉及科技英语。在学生踏入社会参加工作后离不开科技英语，无论是从事与科技相关的工作，还是从事其他工作，都会涉及科技英语。可见，不管是学习还是工作，不论是现在还是将来，科技英语都是必不可少的，与我们的生活息息相关。

二、科技语体的语言特征及翻译

（一）词汇特征

1. 使用简短词

当某个单词过长，以至于在使用上产生不便时，通常采用简短词。

例如：lab=laboratory 实验室；phone=telephone 电话。

2. 使用缩略词

缩略词是指把词的音节加以省略或简化而产生的词或利用词的第一个字母代表一个词组的词。科技英语文体中缩略词的使用范围十分广泛，缩略词的使用不仅可以体现科技文体的专业性，同时可以节省篇章。

例如：CPU——central process unit 中央处理器；FM——frequency modulation 调频。

3. 使用专业或半专业词汇

科技文体中的词汇可以分为专业词汇和半专业词汇。这些词汇大都具有一词多义和一词多类的特征。例如，crane（鹤）具有脖子长、个子高的特征，dog（狗）具有看家的本领。因此，科技人员借用 crane 与 dog 这类单词来说明某样事物也具有类似的模样或功能。在科技英语中，crane 和 dog 就被赋予了许多其他的意思。

例如：stop dog 制动器；locking dog 制动爪。

4. 使用复合词

复合词的普遍使用是科技文体的重要特点。科技英语中的复合词主要有以下几种形式。

（1）词缀法

词缀法（或拼缀法）是指通过增加前缀或后缀来构成新词的方法。英语词汇的许多新词都是通过词缀法创造的，科技英语也不例外，可以说词缀法是科技英语构词的重要手段。

例如：hyperplane=hyper+plane 超平面；hypermorph=hyper+morph 超等位基因；antiparticle=anti+particle 反粒子。

（2）合成法

合成法就是将两个单词直接合并在一起构成一个新词。在科技英语词汇中，这种方法构成的单词数量很多。

例如：firewall=fire+wall 防火墙；greenhouse=green+house 温室；hardware=hard+ware 硬件。

（3）混成法

混成法是指从两个或两个以上的英语单词中抽出其中一部分合成新词的方法。需要注意的是，混成单词有别于合成单词。

例如：telex=teleprinter+exchange 电传；transistor=transfer+resistor 晶体管；knowbot=knowledge+robot 智能机器人。

5. 使用新词

与其他文体相比较，科技文体最显著的用词特点之一是不断涌现出来的科技新词语。近几十年来，科技英语中的新词层出不穷，并通过科技交流在全球中得到广泛的传播和应用。

例如：cyberspace 网络空间；nanotechnology 纳米技术；website 网站。

6. 使用外来词

科技英语词汇中大量使用外来词，常见的方式就是直接使用外来语中的人名、地名、商标名等。

例如：Boeing–737 波音 737 飞机（来自人名）；Brazilian pebble 石英水晶（来自地名）；Xerox 静电复印机（来自商标名）；sputnik 人造卫星（来自俄罗斯）；silo 导弹发射井（来自西班牙）。

（二）句法特征

1. 使用被动句

科技英语叙述的往往是客体，即客观的事物、现象或过程，常有意排除个人主观感情因素，而被动句的使用就有利于实现以客观事物为主体，阐明客观事实的目的，也在一定程度上提高了文章的客观性。因此，科技英语文体中常使用被动句。

例 1：Loss of efficiency in the boiler will be caused by the dissipation of heat through the walls of the combustion chamber.

译文：热量通过燃烧室的壁散失掉，将引起锅炉效率降低。

Loss of efficiency in the boiler（锅炉效率降低）由于处于话题的主位即句子主语位置上而得到强调。

2. 使用无人称句

英语把表示有生命体的名词列为有灵名词，把表示无生命体的名词列为无灵名词。尽管科技活动系人类所为，但是科技英语文体所报告的主要是自然的规律或者科技活动的成果，因此科技英语文体的一个显著特点就是无人称句（无灵名词做主语的句子）很多。

例 1：The engineering project promises well.

译文：这个工程项目大有希望。

例 2：The grinding machine refused to stop.

译文：磨床就是停不下来。

3. 使用虚拟语气

科技文体常常以某种假设作为出发点，而如果这种假设带有较大的不确定性或不可能性时，诉诸语言表达就需要使用虚拟语气①。

例 1：If all the ice in the world melted,the level of the sea would rise about 250 ft.

译文：如果地球上的冰都融化，海平面将升高大约 250 英尺。

例 2：If there were no oxygen in air,fuels would not be able to burn.

译文：空气中如果没有氧气，燃料就不可能燃烧。

上述的例子中均使用了虚拟语气，这些虚拟语气的使用就表示以上句子中所

① 洪棵雨．科技英语中的积极修辞与翻译 [J]. 品位·经典，2022（1）：75-80.

描述的情况发生的概率很小，甚至是完全不可能发生的。

4. 使用一般现在时

科技英语内容大多为客观事物的通常状态或是没有时限的自然现象。因此，科技英语的句子大多为一般现在时，这样可以更好地说明科学定义、定理或公式是不受时间限制的，除此之外，一般现在时的使用能给读者带来一种客观真实的感觉。

例 1：As the insulin sweeps away the glucose into storage,the level of glucose in the blood naturally drops sometimes to even lower when it was before.

译文：随着胰岛素清除葡萄糖并使之积存起来，血液中的葡萄糖自然而然地下降——有时甚至低于以前的水平。

原句中描述的是医学领域的某一客观现象，没有时间的限制，因此使用一般现在时进行表达。

5. 使用复杂长句

科技文体的又一显著特征是惯用长而复杂的句子结构。因为在表述一些科学技术的复杂概念时，有时只有借助结构较复杂的句子才能将各种主从关系、逻辑关系以及意义上的不同层次清楚地表达出来。所以，为了表述一个复杂概念，使之逻辑严密、结构紧凑，科技文章中往往习惯使用长句。

例 1：We learn that sodium or any of its compounds produces a spectrum having a bright yellow double line by noticing that there is no such line in the spectrum of light when sodium is not present,but that if the smallest quantity of sodium be thrown into the flame or other sources of light,the bright yellow line instantly appears.

译文：把很少的一点钠投入火焰或其他光源时，在光谱中就会立刻出现一条亮黄色的双线；当钠燃尽时，光谱中的这条线也消失了，由此我们知道钠或任何钠的化合物所产生的光谱都带有一条亮黄色的双线。

上述这个句子结构复杂，介词“by”引出方式状语，这个状语又带有两个并列的宾语从句“that...”，“but that...”，而两个宾语从句又分别带有一个状语从句“when...”和“if...”。

6. 使用祈使句

科技英语常与实验、产品、仪器操作流程有关，因而需要运用祈使句来传达操作命令或建议，因此多使用动词原形或 should 或 must 或 don’ t。

例 1：Wear safety glasses in an organic laboratory to protect your eyes.

译文：进入有机实验室要戴上安全镜，以保护眼睛。

7. 使用名词化结构

名词化结构是用一个名词词组或短语（主要是具有动词意义的名词 +of+ 修饰语）来表示一个句子的意思。这一结构具有简洁、确切、严密、客观和信息量大的特点，因而在科技文体中大量使用。

例 1：The substitution of rolling friction for sliding friction results in a considerable reduction in friction.

译文：以滚动摩擦代替滑动摩擦，可以大量减少摩擦阻力。

上面原文中的"substitution"和"reduction"均属名词化结构，使用这些名词不仅使句子更加简练，同时表达也更加客观准确。

（三）语篇特征

1. 语言质朴简洁

科技英语文体中的语言简洁、通俗易懂，道理的讲解一般深入浅出。科技英语文体语言结构简单直白。

例如：

Natural Energy

Energy in nature comes in many different forms. Heat is a form of energy. A lot of heat energy comes from the sun. Heat can also come from a forest fire or,in much smaller quantities,from the warm body of a mouse. Light is another form of energy. It also comes from the sun and from the stars. Some animals and even plants produce small amounts of light energy. Radio waves and ultraviolet rays are other forms of energy. Then there is electricity,which is yet another sort of energy.

All these different forms of energy can be changed,one into another. Thinking of lighting. All the electrical energy in it is gone in a flash:changed into brilliant light which you can see,into heat which burns whatever is struck by the lightning,and into sound which you can hear as thunder.

Much of the energy we use at home comes from electricity. Most of the Earth' s energy–wind,waves,heat and light–comes from the sun. The sun itself is powered by nuclear energy.

There are some things about energy that are difficult to understand. The fact that it constantly changes from one form to another makes energy rather like a disguised artist. When you think you know what energy is, suddenly it has changed into a totally different form. But one thing is certain:energy never disappears and,equally,it never appears from now here. People used to think that energy and matter are interchangeable. Tiny amounts of matter convert into unbelievably huge amounts of nuclear energy. The sun produces nuclear energy from hydrogen gas and, day by day, its mass gets less,as matter is converted to energy.

自然界的能量

自然界的能量有许多不同的形式。热能就是一种形式的能量。热能有许多是来自太阳的。森林大火也可以产生热能，甚至一只老鼠温暖的身体也可以产生少许的热能。光是能量的另一种形式，也是来自太阳和星星。一些动物甚至植物也可以产生少量的光能。无线电波和紫外线也是能量形式，另外电能也是一种能量形式。

所有这些不同形式的能量都可以相互转换。就拿闪电来说，里面所有的电能都在一道闪光中放掉了——转变为可以看见的耀眼光芒，转变为可以烧毁所有被闪电击中的物体的热能，也转变为可以听得见的雷声。

我们在家里使用的很多能量来自电。地球上的大多数能量——风、浪、热、光——来自太阳。而太阳本身的能量是由核能产生的。

有关能量的一些事情很难理解。能量不断地从一种形式转变为另一种形式，就像一位化妆艺术家一样。当你自认为了解它的时候，它突然又变成了另一种完全不同的形式。但是有一点是肯定的：能量永远不会消失，同样，它也不会无端地产生。过去，人们认为能量和物质是两种完全不同的东西。现在我们知道，能量和物质是可以相互转换的。微量的物质可以转换为令人难以置信的巨大核能。太阳利用氢气制造核能，随着物质转化为能量，其质量日复一日在减小。

2. 逻辑组织严密

英语科技文体的逻辑组织很严密，文章的层次分明，一般在段落的开头部分首先用一句话来叙述段落的主题，在接下来的内容中再对其进行一一讲解。

例如：

Food quickly spoils and decomposes if it is not stored correctly. Heat and moisture encourage the multiplication of microorganisms,and sunlight can destroy the vitamins in such foods as milk. Therefore,most foods should be stored in a cool,dark,dry place which is also clean and well ventilated.

Foods that decompose quickly,such as meat,eggs,and milk should be stored in a temperature of 5℃～10℃. In this temperature range,the activity of microorganisms is considerably reduced. In warm climates,this temperature can be maintained only in a refrigerator or in the underground basement of a house. In Britain,for six months of the year at least,this temperature range will be maintained in an unheated room that faces the north or the east. Such a room will be ideal for food storage during the winter months provided that it is well ventilated.

食物如果保存不当很快会腐烂。温度和潮气都会助长微生物的繁殖，阳光会破坏牛奶一类食品的维生素成分。所以，大多数食物应该保存在既凉爽、黑暗、干燥，又干净、通风良好的地方。

腐烂变质很快的食品，如肉类、蛋类和奶类，应该在5℃～10℃保存。因为，在此温度范围内，微生物的活动大大减少。在气候温暖的情况下，只有在冰箱或房屋的地下室才能保持这个温度。在英国，一年至少有6个月时间，在朝北或朝东没有暖气的房间里，这个温度范围可以保持。在通风良好的条件下，这样的房间适合冬季保存食物。

第六节 旅游语体的翻译

目前，旅游业已成为世界上最大的产业之一。我国旅游业自改革开放以来发展迅猛，随着出境游及入境游的旅客不断增多，旅游从业人员规模逐渐庞大，如何更好地使境外游客听懂我们的导游语言，更好地把我国壮丽的河山和灿烂的文化介绍给世界，以及如何使国民了解更多的国外风景，引起越来越多的学者及旅游界人士的关注。旅游语体的翻译受到越来越多的重视。

一、旅游语体的特点

旅游语体又名导游解说词，是导游员在指导游览时进行讲解、传播文化、交流感情所使用的语言。它是一种比较特殊的文本。它是通过外语导游员之口直接说给外国旅游者听的。译成外语的旅游语体通常是供导游员在途中、景点、娱乐场所、商店或餐厅进行口头讲解服务时用的，它不同于即兴发挥的“现场导游”（on the spot introduction）和“途中导游”（on the way introduction）。前者是事先翻译好的，而后者则需临场发挥。然而，尽管旅游语体是事先翻译好的，它又具有自身文体上的独特之处，不同于一般的笔译。总的来说，旅游语体具有以下三个特点。

（一）旅游语体着眼于口头表达，语言强调简练、流畅、通俗

旅游语体是在导游过程中导游员与游客进行口头交流所使用的语言，它具有传递服务信息、引导游客完成旅游活动的功能，也具有讲解旅游人文和自然景观及其背景，使旅游者获得知识、实现审美满足的功能。虽然旅游语体是预先写好而且翻译好的，但游客是通过听觉来接受旅游语体中的信息的，不能像阅读那样有充分的时间思考，如果其中使用过多的书面语言、过于复杂的句子，难免会给游客的理解造成障碍，达不到其预期的目的。而简明扼要、通俗易懂、生动活泼的句子不仅短小精悍、表意明确，具有很好的表意传情功能，还能产生铿锵有力的效果。因此，旅游语体通常使用简单的句子，简练、通俗的语言。

下面一个描写泉州开元寺东塔的句子:Built in 1238 A.D.,the pagoda was so high and magnificent that it took 320000 labourers 12 years to complete the project.

为了达到较好的视听效果，此句最好化整为零，改为：The pagoda was built in 1238 AD. It was very high and magnificent. 32000 labourers spent 12 years in completing the project.

（二）旅游语体中涉及的文化点较多

旅游语体中对于景点的介绍必将包括众多的人文景观，涉及许多的人名及地名的介绍，触及许多文化点。例如，介绍国内风光的旅游语体中就经常涉及历史人物、古诗词、历史典故、风土民俗等，而国外的景点介绍也不例外。

例 1：今天我向各位介绍号称我国五岳之首的泰山，这五岳为东岳的泰山、南岳的衡山、西岳的华山、北岳的恒山和中岳的嵩山。

译文：Today I' d like to introduce Mount Tai,crowned as the most famous of China's five great mountains,namely, Mount Tai in East China. The Heng shan Mountain in South China,the Huashan Mountain in West China,the Hengshan Mountain in North China and the Songshan Mountain in Central China.

其中的“岳”字在英语中是无论如何也找不出文化对应词，只好翻译为“great mountain”。虽然这样翻译失去了原有的文化意味，但也是不得已之举。

（三）旅游语体中涉及的专用名词较多

由于旅游语体所涉及的知识面较广，其必将涉及许多专用名词。例如，盂兰盆会（ullamhana）、罗汉（arhant）、禅堂（meditation hall）、施主（benefactor）、亭（pavilion）、拱桥（arch bridge）、台（terrace）、长堤（causeway）、曲径（zigzag path）、喀斯特地貌（Karst）、兵马俑（the Terra-cotta Soldier and Horse Figures）、敦煌的“飞天”（Flying Apsaras）、峨眉山的“普贤真人”（Samantabhadre）等都属于这类词汇。这些专用名词，一般都有固定的译法，翻译的时候不能随意炮制，或者望文生义，这就需要译者要有广阔的知识面和良好的专业水平。

二、旅游语体翻译的标准

旅游语体是主要供导游讲解服务用的。优秀的旅游语体翻译既要忠实地再现原文，又要拥有良好的现场效果，使游客的理解没有困难，又给游客带来美的感受。同时，还要通过对文化点的讲解起到传播文化的作用。

（一）旅游语体翻译的准确性

准确性是好的翻译的一个主要因素，旅游语体的翻译也不例外。虽然由于旅游语体经常涉及一些文化概念或者专用名词，在翻译的时候不得不采取一些变通的译法，但这并不意味着旅游语体的翻译可以脱离原文，随意发挥。丧失了准确性的旅游语体翻译只会误导游客，给游客的理解造成困难。

例如：芙蓉，有木芙蓉和水芙蓉。这一句的译文：There are two kinds of lotus, cotton rose and lotus flower. 虽然中文中芙蓉既可以指锦葵科属的木芙蓉，又可以指睡莲科属的水芙蓉——荷花，而英文中的“lotus”只是指荷花。因此，这句译文是欠准确的，难免使游客迷惑。

准确地翻译旅游语体不仅要求译者要有广阔的知识面、良好的专业水平，还要求译者要有负责的态度、敬业的精神，广泛地查阅各方面资料，以做到翻译准确无误。

（二）旅游语体翻译的现场效果

旅游语体是导游员在导游的途中，说给游客听的现场解说词。因此，导游词良好的现场效果就非常重要。这就要求旅游语体的翻译不仅应该通俗易懂，还应该对一些文化概念、专用名词进行变通的处理，使游客理解起来没有困难，而又不致大大削弱原文当中的文化内涵以及美的韵味，使游客能没有障碍地听懂旅游语体的内容，并通过旅游语体获得对于景点的足够认识，同时获得美的感受。

例 1：开元寺建于唐垂拱二年。

译文：The Kai Yuan Temple was built in the 2nd year of Chui Gong of the Tang Dynasty.

这种翻译就会给外国游客造成理解困难，除非具有很好的中国历史水平，外国游客实在不明白 Chui Gong 是什么。因此，译者在翻译的时候就有必要对“垂拱”进行解释，或者就译为 The Kai Yuan Temple was built in the Tang Dynasty,about 1300 years ago. 这样还更易理解。

又如，“三潭印月”如果翻译为“the isle of Santanyinyue”，既丧失了原有名字的美感以及对于景点特征的表述，又嫌译名过长，读起来拗口。游客听了也是似懂非懂，不能明白其中的妙处，现场效果肯定不好。因此，不如意译为“Three Pools Mirroring the Moon”。相信游客听了这个译名后，一定会展开笑容，并激发起窥探其美感的兴趣。

三、旅游语体的翻译

翻译旅游语体的时候除注意旅游语体的特点、遵循旅游语体翻译的标准、运用一般的翻译技巧外，还要注意以下三点。

（一）增译

前面提到，由于外国游客对于旅游地的文化和历史缺乏了解，这就需要在译文中对原文中一些带有源语文化色彩和历史背景的信息进行阐释，避免使游客迷惑。但是，由于旅游语体是口头说给游客听的，它就不同于其他一些文本的翻译可以在文中标注。这就需要在译文中对原文的内容加以改变，加入阐释性的成分。

（二）省译

由于旅游语体的目的是通过口头讲解，让游客对于景点有足够的理解，以增加他们的兴趣，同时使他们获得相关的知识、增加美的感受，因此旅游语体中原有的枯燥难懂、相对次要且与游客对景点的了解关系不大的内容就可以省略。这样，可以使旅游语体更有趣，使游客理解起来更轻松，使导游词的现场效果更好[①]。

（三）古诗词的翻译

由于很多旅游景点挂有对联，或者题有一些名人的诗词，或者是涉及一些关于这些景点的著名诗词，因此旅游语体的翻译中难免会涉及一些古诗词和对联的翻译。在翻译旅游语体中的诗词时，除了要注意我们在文学文体中所提到的诗歌翻译的要点外，由于旅游语体中所引用的诗词主要是供导游员在给旅游者介绍景点时用的，所以在翻译时，不应拘泥于所选诗词中涉及的具体背景，而应在忠实于原文的基础上，注重“当场见效”的口译效果，即力求译文口语化、有韵脚、有节奏感，说来上口，听来易懂，像是诗词。而且，在翻译当中应尽量减少典故的使用，必要时，在译前后对诗词的含义进行解释。

另外，对联的翻译也是旅游语体翻译中的一个难点。对联雅称楹联，俗称对子，别称门联、联语。它言简意深、对仗工整、平仄协调，是由律诗的对偶句发展而来的。对联的翻译主要掌握两个要点：第一，要准确翻译原文，切不可为了形式的需要而改变原文的含义；第二，翻译时要突出对联的特点，或两联字字相对，或两联句子结构相同。技巧上可以是以偶对偶，以工对工。古人说，“言对为易，事对为难；反对为优，正对为劣”，指的是对联的对仗之工，译文也如此，好译文要力求达到形美、音美、意美，再现汉语对联的韵律之美。

例 1：大肚能容容世上难容之事，开口便笑笑天下可笑之人。

译文：His belly is big enough to contain all intolerable things on earth;His mouth is every ready to laugh at all snobbish persons under heaven.

例 2：绿水本无愁因风皱面，青山原不老为雪白头。

译文：The green water has no worries but the wind has given it wrinkles;The blue hills are not old but the snow has given them white hair.

---

① 罗娜．跨文化视角下旅游英语翻译策略 [J]. 西部旅游，2021（5）：67-68.

第七节　法律语体的翻译

一、法律英语的概念

法律英语（Legal English），在英语国家中被称为“法律语言”（legal language 或 language of the law），在英语中指表述法律科学概念以及诉讼或非诉讼法律事务时所用的语种或某一语种的部分用语，后来也用来指某些具有特定法律意义的词语，并扩展到语言的其他层面，如法律用语、法庭用语、法律文句等。

同其他社会方言一样，法律英语是人们根据社会文化环境、交际目的和交际对象等语用因素，在长期使用中形成的一种具有特殊作用和自身规律的语言功能变体。

法律语言包括立法语言和司法语言两大系统。其中，立法语言指规范性法律文件（包括宪法、法典、法律、法规、体例以及规范人们行为的命令和指示等）所使用的语言；而司法语言指的是法律工作者在执法过程中，根据法律规范的要求所必须使用的法律公务用语。

通常，法律英语分为口语和书面语两种，我们通常所说的法律英语指的是法律书面语，也就是起草法律文件所使用的语言。由于法律文件是用来规定人们的权利和义务的，所表述的内容必须准确严谨，同时必须具有较强的逻辑性和规范性，所以法律英语在用词、句子等方面有别于我们日常使用的其他语言。

二、法律语体的语言特点

（一）使用法律术语

所谓术语，就是某一领域的专门用语。法律术语是用来准确表达特有的法律概念的专门用语，具有明确的、特定的法律含义，是法律英语的精髓。使用法律术语的目的就是为了保持词义在法律英语中的精确性。这类术语的数量相当可观。

例如：agency 代理；agent 代理人；conveyance 财产转让 / 转让；variance（诉状与供词之间不一致）。

（二）使用模糊词语

法律语言要求表达精确，法律文件的起草者力求避免含糊其词或模棱两可。但从语义上看，绝对精确的表达是有限的，而处于语义的正反两个绝对值之间的、过渡的、难以划清界限的模糊现象是普遍的。为了实现法律语言要求的精确目的，在必要的情况下，法律文件必须使用一些意义模糊、灵活的词语去准确表达法律概念或事实。模糊语言是表达模糊语义的语言，即内涵无定指、无外延不确定的语言。

例如：compelling 强制的；consequential 相应而生的 / 接着发生的；due process 正当程序；duly 正当地 / 适当地 / 充分地。

（三）使用法律行话

任何建立在独特知识和技能之上的行业或职业都会发展出一种独特的话语体系，即“行话”。一方面，行话确保了行业内部交流的精确和经济，增强了行业内部成员之间的交流效率；另一方面，它又是外显的符号，对于外行人而言，这种符号足以激发他们对于这个行业的好奇、尊重或畏惧的感觉，如此就可能在内外之间划界，有时甚至可以强化某种行业化权力的合法性基础。法律行话，就是我们平常所指的“法言法语”[①]。

例如：subrogation 代位权；damages 赔偿金；day in court 出庭日。

（四）使用古英语和中世纪英语

法律英语词汇中还经常出现古旧词汇。所谓古旧词汇，指的是古英语词汇和中世纪英语词汇。古英语是指 1100 年前的英语，中世纪英语是 1100 年到 1500 年期间使用的英语。使用古旧词汇能够体现出法律英语简练、严谨的特点，这些古旧词汇在现实生活中使用较少。

例如：belike 大概，或许；haply 偶然地，碰巧地；hereafter 此后；hereby 特此。

（五）使用成对近义词

法律英语中还经常使用两个或三个意思相近或者相同的词构成一个短语来表达法律上本来只需要一个词就能表达的概念。这种看似啰唆的表达恰恰是为了更好地体现法律语言的严谨性、准确性和完整性。

---

① 张雪雪 . 法律英语翻译的现状及其发展策略 [J]. 英语广场，2021（27）：38-40.

下面是法律文体中常见的成对近义词：all and every；all and singular；annul and set aside；any and all；assume and agree。

（六）使用赘言赘语

赘言赘语即反复地表达一个意思或者使用同义词，亦即经常使用配对词和三联词来表达法律上本来只需要一个词就能表达的概念。配对词和三联词指用两个或三个意思相近或者相同的赘词构成一个短语，以表达法律上只需要用一个词就能表达的概念。这些词表示固定的意义，使用时不能随意拆开。赘言的使用是法律文本行文的一大特色，其作用主要有两个：一是使所表达的意思更加严密准确；二是使所强调的语气更加强烈，这突出表现了法律英语语言的严谨性。

下面我们列举一些在法律英语文体中常见的赘言赘语：breaking and entering 闯入；due and payable 到期应付的；goods and chattels 货物与动产；have and hold 持有。

（七）使用拉丁词语

拉丁词语言简意赅、表达标准、历史悠久，有助于体现法律文体的严谨和庄重，因此拉丁语在法律语言中处于权威性的地位。英语国家的居民，尤其是从事法律研究的人，把拉丁文视为高深学问的基础。

例如：affidavit 誓章，证词；alibi 不在犯罪现场；bona fide 真诚。

三、法律语体的句法特点

（一）使用名词化结构

为提高语言的准确性、严谨性以及正式程度，英语法律文献中常使用名词化结构。名词化词语主要是表示动作或状态的抽象名词，或是起名词作用的非谓语动词。从句法功能上来讲，名词化结构可以避免使用人称主语，进而防止句子结构臃肿；名词化结构组合方式较多，意义容量非常大，适宜精细复杂的思想观念的表达。

例 1：The State protects socialist public property. Appropriation or damaging of State or collective property by any organization or individual by whatever means is prohibited.

译文：国家保护社会主义的公共财产。禁止任何组织或个人用任何手段侵占或者破坏国家和集体的财产。

（二）使用套语

法律语言形式是在不断的法律实践中形成的。经过长期的实践，法律语言形式形成后，语言趋于高度专业化，其文体相对稳定，有一些套语在法律英语中经常出现。比如，英语立法文本的序言部分通常采用 whereas、in view of、considering、given that 等引导的句型范式，还有不少 means、includes、refers to 的惯用结构。而汉语立法文本的序言中则通常采用“为了，根据宪法，制定本法”“本法所指的……是指……”等句型范式。

例如：upon the terms and conditions set forth below 根据如下所订条款；unless otherwise stipulated in...除非在……另有规定；It is agreed that...双方同意；In witness there of 特此为证；...should be taken as valid and binding 应以……为准；...shall have equal status in law 具有同等法律效力。

（三）使用陈述句

陈述句在法律文本中也经常出现。由于法律文书是用来确认法律关系、贯彻法律条令、规定人们的权利和义务以及陈述案件事实的专用公文，因此不容许有丝毫的引申、推理或抒发和表达感情的特点，所以法律文件的签本句式通常是陈述句结构，没有感叹句和疑问句。

例 1：The Arbitration Commission has one honorary Chairman and several advisers. The Chairman performs the function and duties vested by these Rules and the Vice-Chairman may perform the Chairman' s function and duties with Chairman' s authorization.

译文：仲裁委员会设名誉主席一人，顾问若干人。主席履行本规则赋予的职责，副主席受主席的委托可以履行主席的职责。

（四）使用被动句

英语法律文件中用于规定行为人的权利义务以及相关法律后果时常使用被动句式。被动句对有关事项进行客观的描述和规定，将动作本身放在了突出位置，有利于体现法律英语庄严、客观、公正的文体特点。

例 1：An agreement it typically reached when one party(the offeror)make an offer and the other party (offeree) accepts it.

译文：当一方（要约人）做出要约。而另一方（接受要约人）接受要约时，双方就达成了一个典型的协议。

例 2：In the case of intentional or fraudulent misrepresentation,the victim is given the choice the additional remedy of a suit for dollar damages.

译文：在故意或欺诈性不当陈述的案件中，受害者可以选择诉讼以取得额外赔偿金。

（五）使用复合句

法律语言复合句式中各句子之间的逻辑关系通过各句之间的逻辑意思关系来体现，根据句子间不同的意思关系可将复合句分为假设、目的、选择、并列、解释等类型。

1. 假设复合句

假设复合句中的分句表示假设后果的逻辑关系，即分句中提出一种假设情况，主句中说明该假设变为现实的后果，常用“if ”等形式。

2. 目的复合句

目的复合句指完整句中各分句存在表达目的的逻辑关系。由于法律的制定和实施都是为了达到某一或某些目的，法律语言大量使用目的复合句来显示某种行为存在的目的逻辑关系，多采用“in order to”“for the purpose of”等形式。

3. 选择复合句

选择复合句可通过不同的分句将某一事物存在的多种情况列举出来，并要求从中选择一种。选择复合句在法律英语中多用来表示列举性的关系，常用“or/nor”来表达。

4. 并列复合句

并列复合句是由两个或两个以上相互联系的分句组成的复合句，各分句分别叙说相关的几件事或同一个事物的几个方面。法律英语中通过并列复合句的使用将某一事物各个方面的含义解释清楚，从而确保法律语言的周密性。

5. 解释复合句

解释复合句表示分句之间存在解释、说明关系。在法律英语中的解释复合句一般指的是后面的分句对前面分句的解释、说明，且较多采用总分和并列陈述的方式。

（六）使用完整句

法律语言除了要以陈述句式为主外，还要求信息陈述完整、详尽和严密，以防因句子省略或缺失而出现漏洞或产生歧义，因此法律英语句子还应具有完整性特征。

例如：Drafts and documents must be presented by the beneficiary to the negotiating bank or drawer bank within twenty-one(21)days after the date of issuance of transport documents but within the validity of this credit.

此例对交单议付作出了明确规定，对施体、受体、时间、方式、场所等进行了详尽的说明。

（七）使用长句

据统计，法律英语文件中，句子的平均长度为 271 个单词，而科技英语句子的平均长度为 27.6 个单词。这说明，法律英语文本句子的长度要远远大于其他文体。

例 1：Some academics,whilst accepting that terms like ratio decidendi and obiter dicta are used in judgments,and whilst accepting that at least some judges think they construct their judgments,on the basis of ratio and obiter in previous judgments,believe that important influences on decisions made by judges are to found in the nature of matters such as the social back ground of judges,the economic circumstances of the time or even the very nature of language itself.

译文：有些学者，虽然接受在判决中使用如“判决依据”和“附带意见”这些术语，虽然承认有些法官认为他们是根据先前判决的“判决依据”和“附带意见”作出判决的，但认为影响法官的判决的重要因素应从事情本身的特征，如法官的社会背景、当时的经济环境甚至预言本身的特征中去发现。

四、法律语体的翻译技巧

（一）直译

由于法律文本强调文体的庄重性和语言的严谨和严密，所以为了保留这些特征就应该采用直译的翻译方法。

例 1：All States have the duty to contribute to the balanced expansion of the world economy,taking duty into account the close interrelationship between the well-being of the developed countries and the growth and development of the developing countries,and the fact that the prosperity of the international community as a whole depends upon the prosperity of its constituent parts.

译文：所有国家都有义务对世界经济的均衡发展作出贡献，要适当考虑到发达国家的福利同发展中国家的增长和发展之间的密切关联，并考虑到整个国际社会的繁荣依赖于其组成部分的繁荣。

（二）词性转换

英汉分属于两种不同的语系，同时二者在语言使用习惯上存在着很大的差异性，这对英汉互译提出了挑战。英汉两种语言在使用过程中并非一一对应的，因此，在翻译中恰当地转换词性进行本土化翻译十分重要。

但是需要注意的是，翻译过程中的词性转换并不是随意的，而是需要遵循一定的原则。词性转换应该在不违背原文含义的基础上，最大限度地使译文简洁流畅。在法律文本翻译过程中，应该根据具体的文章特点采用灵活的词性转换策略。

例 1 ：This agreement is subject to the approval of the examination and approval authority before it shall become effective.

译文：本协议须经审批部门批准后方能生效。

1. 增补

增补即在原文字面含义的基础上添加必要的单词、词组或句子，以使译文在语法、语义、语言形式上更符合原文的实际含义，并使译文的意思表达得更完整、严谨、清晰。尽管增补法看起来增加了原文字面中没有的含义，但实际上却是忠实了原文，保证了译文的质量。

例 1 ：Notwithstanding the foregoing,a Party hereby waives its preemptive right in the case of any assignment of all or part of the other Party’ s registered capital to an affiliate of the other Party.

译文：尽管有上述规定，如果一方将其全部或部分注册资本转让给一家关联公司，另一方则在此放弃其优先购买权。

2. 省略

由于英汉语言在表达习惯、文化等方面有较大的差异，因而翻译时除了增补适当的词语之外，还要适当省略某些语言成分。省略即将原文中所有该表达的，但却在译文中多余的内容省略不译的方法。需要指出的是，省略是减词不减意，目的是更符合译语的表达习惯，使译文意思更加明确、文字更加流畅。

例 1：Whoever commits arson,breaches a dike,causes explosion,spreads poison or uses other dangerous means to sabotage any factory,mine,oilfield,harbor,river,water source，warehouse,house,forest,farm,thrashing grounds,pasture,key pipeline,public building or any other public or private property,thereby endangering public security but causing no serious consequences shall be sentenced to fixed-term imprisonment of not less than three years but not more than ten years.

译文：放火、决堤、爆炸、投毒或者以其他危险方法破坏工厂、矿场、油田、港口、河流、水源、仓库、住宅、森林、农场、谷场、牧场、重要管道、公共建筑物或者其他公私财产，危害公共安全，尚未造成严重后果的，处 3 年以上 10 年以下有期徒刑。

3. 调整语序

英语在表达上习惯将句子的重点和中心放在句首，开门见山，点明主题。但是汉语是一种含蓄性的语言，习惯将中心思想放到句中或段尾。明确了这个特点，在翻译过程中，译者就需要根据具体情况进行语序上的调整。调整语序就是按照译语的表达方式，依照时间先后、逻辑关系将源语的顺序加以改变，有时甚至需要全部打乱，重新排列。这样能够使得译文更符合目的语的表达习惯，表达更清晰。

例 1：The Company will retain its full power and authority to use such inventory and assets and to continue to conduct its business after the transfer of the Purchased interest and will not violate any PRC laws and regulations.

译文：本公司将保留使用上述存货和资产以及在转移购买权益后继续经营。

4. 长句拆译

英语法律文献中存在较多信息量较大的长句。翻译时，如果不能厘清各个句子间的复杂关系就不可能译得正确、通顺、自然。因此，翻译长句时应考虑使用拆分法，即切断原文句子，化长为短，或者将原文拆散，重新组织。

例 1 ：If the Respondent applies to the court for it to consider the Respondent' s financial position after the divorce,the decree nisi cannot be made absolute unless the court is satisfied that the Petitioner had made or will make proper financial provision for the Respondent,or else that the Petitioner should not be required to make any financial provision for the Respondent.

译文：倘若答辩人提出申请，要求法庭考虑其离婚后的经济状况，则法庭须事先认为呈请人已经提供或将会提供予答辩人妥善的经济援助，方可将暂准离婚令正式确定为最终 / 绝对离婚令。倘若答辩人没有提出如此申请，则呈请人无须给予答辩人任何经济援助。

参 考 文 献

[1] 董召锋 . 翻译思维 [M]. 北京：中国原子能出版社，2018.

[2] 范捷 . 英语比喻性词语文化内涵的翻译方法 [J]. 宿州教育学院学报，2019，22（6）：35-37.

[3] 郭惠琴 . 英汉语言对比与翻译研究 [M]. 北京：北京工业大学出版社，2019.

[4] 郭玥 . 英语翻译中定语从句的翻译技巧初探 [J]. 鄂州大学学报，2020，27（2）：35-36，53.

[5] 韩晓梅 . 英语文学翻译美学价值与艺术特性的基本内涵 [J]. 今古文创，2022（3）：123-125.

[6] 洪�雨 . 科技英语中的积极修辞与翻译 [J]. 品位·经典，2022（1）：75-80.

[7] 及幸平 . 中式英语翻译策略模拟交传实践报告 [D]. 沈阳：辽宁大学，2021.

[8] 姜冰 . 英语修辞格的审美和功能 [J]. 英语广场，2018（12）：6-7.

[9] 姜艳 . 论英语语句翻译中的一些常用技巧 [J]. 英语广场，2016（4）:40-41.

[10] 金澜 . 学生译者翻译逻辑思维能力对翻译质量的影响研究 [D]. 长沙：湖南大学，2015.

[11] 金蒻 . 英语新闻标题的特点与翻译 [J]. 公关世界，2021（20）：127-128.

[12] 康琦 . 英语文学的语言特点及翻译技巧 [J]. 海外英语，2021（6）：46-47.

[13] 林薇 . 浅谈商务英语函电翻译的得体性 [J]. 海峡科学，2016（3）：80-82.

[14] 刘宓庆 . 新编当代翻译理论 [M]. 北京：中译出版社，2019.

[15] 刘娜 . 英语与汉语的语言文化比较研究——评《英语翻译的原理与实践应用》[J]. 领导科学，2021（2）：125.

[16] 卢静 . 英语语言文学中的常用修辞手法分析 [J]. 农家参谋，2019（23）：292.

[17] 罗娜 . 跨文化视角下旅游英语翻译策略 [J]. 西部旅游，2021（5）：67-68.

[18] 吕中华 . 翻译与翻译的标准 [J]. 现代交际，2017（15）：168.

[19] 沈世锦 . 英汉句法对比综述 [J]. 现代交际，2017（8）：177.

[20] 宋平 . 英语词义的认知释解 [J]. 海外英语，2020（24）：30-32.

[21] 邬晓丽 . 跨文化背景下商务英语广告的翻译策略与技巧探究 [J]. 海外英语，2021（19）：216-217.

[22] 薛锦 . 英汉语言对比分析和研究 [M]. 汕头：汕头大学出版社，2019.

[23] 杨嘉珈 . 探讨英语翻译中跨文化视角转换与翻译技巧 [J]. 经济师，2021（12）：227-228.

[24] 杨璐 . 新时代背景下英汉语篇分析的前沿探索 [J]. 北京科技大学学报（社会科学版），2021，37（1）：17-23.

[25] 袁祖焕 . 英语语篇分析中的“衔接”与“连贯”[J]. 内江科技，2019，40（5）：95-96.

[26] 张建军，袁秀丽 . 英语长难句翻译策略研究 [J]. 山东农业工程学院学报，2020，37（2）：179-180.

[27] 张雪雪 . 法律英语翻译的现状及其发展策略 [J]. 英语广场，2021（27）：38-40.

[28] 赵友斌 . 语境与翻译 [M]. 长春：吉林出版集团股份有限公司，2017.

[29] 郑剑委，范文君 . 翻译思维、策略与技巧 [M]. 武汉：武汉大学出版社，2018.

[30] 周小勇 . 学术翻译中的译者注类型、规范及译者素养 [J]. 上海翻译，2021（6）：89-94.